BASIC IRISH:
A GRAMMAR AND WORKBOOK

Basic Irish: A Grammar and Workbook comprises an accessible reference grammar and related exercises in a single volume.

This workbook presents twenty-five individual grammar points in realistic contexts, providing a grammatical approach which will allow students not already familiar with these structures to become accustomed to their use. Grammar points are followed by examples and exercises allowing students to reinforce and consolidate their learning.

Basic Irish provides an ideal introduction to the modern language, with insights into the related culture. For use in the classroom, or for the independent learner, this workbook enables the student to communicate accurately and effectively in a wide variety of situations.

Key features include:

- Irish to English and English to Irish glossaries
- useful exercises with full answer key
- focused practice on each grammar point.

Basic Irish is the ideal reference and practice book for beginners and also for students with some knowledge of the language.

Nancy Stenson is a Professor of Linguistics at the University of Minnesota, where she has taught both linguistics and Irish-language classes.

Other titles available in the Grammar Workbook series are:

Basic Cantonese
Intermediate Cantonese

Basic Chinese
Intermediate Chinese

Basic German
Intermediate German

Basic Italian

Basic Polish
Intermediate Polish

Basic Russian
Intermediate Russian

Basic Spanish
Intermediate Spanish

Basic Welsh
Intermediate Welsh

Titles of related interest published by Routledge:

Intermediate Irish: A Grammar and Workbook (forthcoming 2008)
By Nancy Stenson

Colloquial Irish (forthcoming 2008)
By Thomas Ihde, Roslyn Blyn-LaDrew, John Gillen and Maire Ni Neachtain

BASIC IRISH:
A GRAMMAR AND
WORKBOOK

Nancy Stenson

Routledge
Taylor & Francis Group

LONDON AND NEW YORK

First published 2008
by Routledge
2 Park Square, Milton Park, Abingdon, Oxon OX14 4RN

Simultaneously published in the USA and Canada
by Routledge
711 Third Avenue, New York, NY 10017

Routledge is an imprint of the Taylor & Francis Group, an informa business

Typeset in Times by
Florence Production Ltd, Stoodleigh, Devon

British Library Cataloguing in Publication Data
A catalogue record for this book is available from the British Library

Library of Congress Cataloging-in-Publication Data
Stenson, Nancy.
  Basic Irish: a grammar and workbook/Nancy Stenson.
    p. cm.
    1. Irish language–Grammar.   I. Title.
  PB1223.S74 2007
  491.6′282421–dc22   2007023597

ISBN10: 0–415–41041–X (pbk)
ISBN10: 0–203–92737–0 (ebk)

ISBN13: 978–0–415–41041–0 (pbk)
ISBN13: 978–0–203–92737–3 (ebk)

CONTENTS

INTRODUCTION

Study of Irish is on the increase around the world, sometimes in quite unexpected places, as a former student of mine learned when a child selling postcards at Angkor Wat addressed him in Irish after learning he was from Dublin. Formal classes are becoming available in growing numbers, but many learners still must study independently or in small study groups, mainly with other learners. While several texts are now on the market, no matter what their organizing principle (grammar, conversation, culture) learners of Irish always report a desire for more opportunities to practice the language forms; the need is particularly acute for those studying without the help of a fluent teacher. This workbook and its companion volume, *Intermediate Irish*, are intended to help meet that need.

This is not meant to be a self-contained course or reference grammar, both of which are readily available elsewhere. Rather, it is intended to accompany and supplement whatever course materials an individual or class is using. Each unit summarizes a grammatical point, which can be accessed whenever needed; even if the structure is presented across several lessons of a textbook, the relevant unit and its exercises can be used each time the point comes up in lessons. For certain grammatical features and idioms, I also discuss aspects of usage that are often assumed without explanation in other materials. I have tried, at least in early units, to limit vocabulary to common words often introduced early in beginning texts, but inevitably there will be some that are new to users, so a glossary is provided at the back of each book.

Every effort has been made to keep technical jargon to a minimum, but some terms are needed for efficient reference to particular structures. Where possible, I have tried not to assume knowledge of grammatical terminology but to clarify meanings through examples or explicit definitions. However, familiarity with a few common grammatical terms is assumed: for example, *noun*, *verb*, *adjective*, *singular/plural*, *subject*, *predicate*, and *object*. Readers who are not comfortable with these terms may consult other reference works for guidance.

One complication to the study of Irish is the great dialect diversity found across Gaeltacht (predominately Irish-speaking) communities. Each of the three major provinces where Irish is still spoken at the community level – Ulster, Connacht, and Munster – differ noticeably from one another, not only in pronunciation but also in some vocabulary, word formation (morphology), and, occasionally, even sentence structure. Each province contains several Gaeltacht areas, described briefly here, from north to south. In Ulster, several Gaeltachtaí are found in County Donegal, among them areas around the villages of Gaoth Dobhair, Rinn na Feirste, and Gleann Cholm Cille. In addition, a growing community of Irish speakers can be found in Northern Ireland, especially in Belfast. Their speech has many features in common with that of the Donegal communities but has some characteristics of its own as well. Connacht dialects are found in two counties, Mayo and Galway, with the largest Gaeltacht region, both in area and in population being the Connemara region of County Galway and the adjacent coastal communities to the west of Galway City, known as Cois Fharraige. Small Gaeltachtaí in County Mayo are found on Achill Island, in Tuar Mhíc Éadaigh, and on the Iorras (Erris) peninsula. Southern dialects are found in three counties of Munster: Kerry (especially the Dingle Peninsula, or Corca Dhuibhne), Cork (Baile Bhúirne and Cape Clear Island), and Waterford (Ring, or an Rinn). Each has its own identifiable features, especially in pronunciation, but all resemble each other more than they resemble the more northern dialects. In addition, County Meath in the province of Leinster has two Gaeltacht communities, created in the mid-twentieth century by moving people from the coastal areas. Irish has survived best there in the community of Ráth Cairn, where all the original settlers came from villages in County Galway, so the Irish spoken there is for all practical purposes the same as that of Connemara. Finally, there is an Official Standard, known in Irish as the *Caighdeán* (these terms will be used interchangeably here), designed to standardize written Irish for use in publication and in schools.

It should be noted that, unlike standard English, the Official Standard does not represent a colloquial dialect actually spoken by native speakers. Rather, it combines elements of the three major regional varieties for official use. It is worth knowing and recognizing the standard forms, which are encountered frequently in publications, but they should not be taken as in any way superior to or more correct than the colloquial usage found in the Gaeltacht regions. Current practice in Irish teaching and in the media seems to be favouring greater acceptance of colloquial variation. Those interested in speaking the language are therefore advised to pick one regional variety and to aim for competence in that, while learning to recognize alternative forms as well. For consistency in the early learning stages, these books will present standard forms for the most part, following the practice of most published learning materials. However, certain non-standard forms which have widespread currency will occasionally be provided as alternatives. Since the Caighdeán takes no stand on pronunciation, when pronunciation is mentioned in the lessons, reference will be to the regional variety with the largest population, that of Connemara, County Galway (in Connacht). The last few units of *Intermediate Irish* address some of the more salient aspects of Irish dialect variation, so that learners may begin to acquire features of the variety they are most interested in learning after they have become comfortable with the basics.

Many people have helped in the completion of these books. I would like to thank Sophie Oliver and Ursula Mallows for their editorial advice and support throughout the process. I am grateful to the Dublin Institute for Advanced Studies (School of Celtic Studies) for financial support toward the writing of the book, and to Liam Breatnach, Jim Flanagan, Malachy McKenna, and Dáithí Sproule for assistance with details of dialect variation. Numerous Irish learners and teachers have read drafts of the material and have offered suggestions that have greatly improved the final product. Thanks for their feedback to Don Crawford, Will Kenny, Ann Mulkern, Mary Roguski (and her students), Nicholas Wolf, and, especially, to Dáithí Sproule for his eagle eye and professional knowledge of the Caighdeán. Finally, I am grateful to all my students over the years, whose struggles and successes in learning Irish, and questions about grammar and usage, were the inspiration for this work.

UNIT ONE
Spelling and pronunciation

One of the greatest challenges of Irish is learning to navigate the spelling system. Irish spelling is actually more systematic than English, but the letters are pronounced differently enough to require careful attention and a willingness to abandon one's assumptions about sound–spelling relationships. Once a student learns to do that, the system becomes accessible, and learning can progress reasonably quickly. The following overview provides a start, but it is important to realize that the process of adjusting to Irish spelling will necessarily be a gradual one. There are also significant differences depending on the dialect being learned, so listening to native speakers is important. Pronunciations given here are those of Connacht (specifically Connemara, County Galway), the variety with the largest number of speakers.

Alphabet and pronunciation

Irish is written with the same alphabet as English, but normally only the following letters are used: *a, b, c, d, e, f, g, h, i, l, m, n, o, p, r, s, t, u*. Other letters appear occasionally in English loanwords, especially *j* and *v* (e.g., **jab** 'job'; **vóta** 'vote', also sometimes spelled **bhóta**).

Consonants

For the most part, consonants have about the same values as in English, with one major difference: in Irish, each consonant **letter** (except *h*) represents two distinct **sounds**, called 'broad' and 'slender'. Roughly speaking, in addition to the regular positions of the tongue and mouth for each consonant, the middle of the tongue raises slightly toward the roof of the mouth without actually touching for slender consonants, while broad consonants involve raising the very back of the tongue slightly, and rounding the lips. Broad and slender consonants are distinguished in writing by the adjacent vowels, according to the spelling rule 'slender with slender, broad with broad'. Slender consonants are always adjacent to the slender vowels *e* or *i*; broad consonants are preceded or followed by *a, o,* or *u*. Consonant sequences are either all slender or all broad. In the examples below, slender consonants are underlined. The contrasting broad consonants are boldface; vowels are pronounced alike in both words except for some length differences. Extra vowels in one of each pair signal quality of the adjacent consonant.

	Slender	*Broad*
b	**b**í	**b**uí
c	**c**iúin	**c**úl
	crai**c**	ba**c**
d	dai**d**e	ta**d**a
	bái**d**	bá**d**
f	**f**iche	**f**aoi
g	ai**g**e	a**g** a
	giall	**g**aol
l	**l**éine	**l**ae
m	**m**ín	**m**aoin
	ain**m**	ana**m**
n	**n**í	**n**aoi
	ciúi**n**e	gú**n**a
p	**p**eann	**p**á
r	caoi**r**igh	cao**r**a
	doi**r**se	do**r**as
s	**s**í	**s**uí
t	**t**iubh	**t**ú
	ai**t**	a**t**

When the sequences *ll* and *nn* are slender, they sound as if a *y* or *i* were following them in English spelling, as in words like 'canyon', 'onion', or 'billiards'. When broad, they are held longer than single consonants.

	Slender	*Broad*
ll	ái**ll**eacht	a**ll**as
nn	bai**nn**e	ba**nn**a

Vowels

Because only some vowels of Irish spellings are actually pronounced while others just signal consonant quality (broad or slender), many Irish words contain sequences of two to three vowels, which may represent only one sound. Learning which vowels are pronounced and which simply mark consonant quality is one of the major challenges of mastering Irish spelling.

Long and short vowels differ in Irish. The former are held slightly longer, with tenser mouth muscles. Unstressed short vowels are very short indeed, sounding something like 'uh'. Vowels appearing alone (and stressed, if short) are pronounced as in the following examples, which should be taken only as approximations:

a	**asal**	as in English 'father'
	dath	
á	**tá**	as in English 'law'
	bád	
e	**te**	as in English 'bed'
	ceist	(The letter *e* never occurs before consonants, where it's usually spelled *ei*)
é	**mé**	as in English 'day'
	géar	(*é* also is spelled *ea* or *éi* before a consonant, depending on its quality)
i	**file**	as in English 'fish'
	fir	
í	**fírinne**	as in English 'fear'
	rí	
o	**doras**	as in English 'tough'
	posta	
ó	**pósta**	as in English 'boat'
	ochtó	
u	**fusa**	as in English 'put'
	cur	
ú	**cúr**	as in English 'do'
	tú	

Vowels marked with an accent, called **síneadh fada**, or just **fada**, are long. Any vowel + **fada** is pronounced, and vowels next to it can be assumed to mark neighbouring consonants:

eá	**Seán**	⎫
ái	**áit**	⎬ all pronounced like *á*
eái	**Sheáin**	⎭
éa	**Séamas**	⎫ pronounced like *é*
éi	**céim**	⎭
uí	**suí**	⎫
oí	**croí**	⎪
aí	**scéalaí**	⎬ all pronounced like *í*
uí	**buí**	⎪
uío	**buíochas**	⎭

ói	**bróige**	pronounced like *ó*
úi	**cúis**	
iú	**siúl**	all pronounced like *ú*
iúi	**ciúin**	

Certain unaccented spelling sequences also automatically represent long vowels, as the following examples illustrate:

- Vowels followed by *n*, *nn*, *ll*, *rr*, *rd*, or *m* are pronounced long (unless another vowel follows):

Like *á*: **crann**
     am
     carr
     ard
     mall
     geall
     ceann

Like *í*: *i* or *io*: **tinn**
           tinte
           timpiste
           im
           cionn

Like *ú*: *o* (before *nn*, *m* only): **tonn**
                    Lom

- The sequence *ae(i)* is pronounced like *é*: **tae, Gaeilge, traein**.
- *Ao* and *aoi* are pronounced like *í*: **saor, naoi**.
- The sequence *eo(i)* is pronounced like *ó*: **leor**
                                 ceo
                                 Eoin

Other vowel sequences are pronounced as single short vowels. For example, *ea*, *eai* (unless followed by the double consonants noted above) and *ai* at the beginning of a word are usually pronounced approximately like the *a* in English 'hat':

bean
fear
seaicéad
aisteach

In addition, the following rules apply.

ai after a consonant is pronounced like *a*:	**bainis**
	cailín
io is pronounced like *i*:	**fios**
oi is pronounced like *e(i)*:	**toil**
	oiread
ui is pronounced like *i*:	**uisce**
	fuil
iu is pronounced like *u*:	**fliuch**

Some sequences, called diphthongs, are pronounced separately but form a single syllable. The main examples are *ia* and *ua*, which sound like English *ee-uh* or *oo-uh*:

bia	**ciall**
nua	**tuath**

Other diphthongs are less clear in spelling. Before the consonant sequences noted above (*nn, ll, rr, m* or one of these plus another consonant), the spelling *o* in Connacht (and *a* in Munster) can be pronounced as [au], the sound spelled *ow* in English, as in 'cow'. The sequences *abh* and *amh* are often pronounced this way, too:

poll	**donn**	**bord**
ceann (in Munster)		
gabha	**abhainn**	**samhradh**

Similarly, the sequences *adh, agh* (also *aigh, aidh*) are pronounced in the middle of words as [ai], the so-called English 'long i', as in 'kite':

adharc	**cladhaire**
caighdeán	**aghaidh**

Some frequently used words are exceptions to the rules given above, e.g.,

ea	**beag**	'small' – more like English 'beg' than 'bag'
eo	**seo**	'this' ⎫ – short, rather than long, *o*
	eochair	'key' ⎭
oi	**oileán**	'island' – more like *i* than *e*

Each dialect has its own distinctive characteristics, so it is essential to listen to the regional variety you are interested in learning to pick up precise pronunciation. The rules above are merely guidelines, to be refined as you progress.

Stress

In most cases, the stressed syllable in a word is the first one.

aifreann   **ei**lifint
hata   **du**ine

A few exceptions are found in all dialects. In addition to isolated words like **arán** 'bread', usually pronounced a**rán**, exceptions include a set of time and place adverbs beginning with unstressed *a* (sometimes *i*), e.g:

a**nois**	now	an**seo**	here
a**má**rach	tomorrow	in**niu**	today

and most others with related meanings. Two very common words with exceptional stress are a**tá** 'which is', pronounced a**tá**, and am**háin** 'one'.

In addition, in the dialects of Munster, the accent is on the second (sometimes even third) syllable in words where that syllable has a long vowel or ends in *-ach*, although it is on the first syllable in Connacht and Ulster:

cai**lín**   girl (elsewhere pronounced **cai**lín)
ama**dán**   fool (elsewhere, a**ma**dán)
sa**lach**   dirty (elsewhere **sa**lach)

Unstressed vowels

Unaccented short vowels are generally reduced in pronounciation (as in English) to a sound that can be represented as 'uh'. As the underlined vowels in the English words 'sof<u>a</u>', 'tel<u>e</u>phone', 'ver<u>i</u>fy', 'oct<u>o</u>pus' are all pronounced approximately alike despite different spellings, so are the following vowels in most Irish dialects: **plát<u>a</u>, tin<u>e</u>, m<u>o</u>, ceim<u>i</u>c**.

When one word ends in a short vowel and the next starts with one, only one of them is usually pronounced. The vowel omitted is usually the unstressed one, most often the last vowel of the first word. If both are unstressed, then, since both are pronounced alike, it is impossible to tell which is lost, but only one vowel is normally heard. Thus,

duine aisteach is pronounced **duin' aisteach**
cóta Éibhlín is pronounced **cót' Éibhlín**
duine atá is pronounced **duine 'tá** (or **duin' atá**)

Other rules

A few other pronunciations aren't reflected in spelling. When the letter *n* follows a consonant, it is often pronounced as /r/ in Connacht and Ulster. So, Northerners pronounce words like **cnoc, mná** as **croc, mrá**.

Another common pattern adds a vowel between sequences of *l*, *r*, *n,* and another consonant, although there's no vowel in the spelling. Words like **gorm, borb, dealbh, dealg, ainm** sound as if they have two syllables.

Exercises

1 For each of the following words, identify which consonants are broad and which are slender by underlining the slender consonants.

1 bád	leithscéal	páipéar
2 duine	bó	buí
3 báisteach	beo	bí
4 díreach	scríobh	Seán
5 freagra	Bairbre	dóthain
6 caoi	Bríd	saoire
7 ceist	abair	gloine

2 Mark the long vowels in the following words (not every word has a long vowel).

1 bád	crann	baile	cailín
2 min	tinn	cor	carr
3 fear	féar	fearr	múr
4 cur	doras	dóchas	tae
5 ceol	mór	poll	dall
6 amadán	síos	saor	mo

3 Circle reduced vowels in the following words (not every word has one):

1 cailín	amadán	cóta
2 baile	eochair	foraois
3 coláiste	foclóir	Protastúnach
4 dathanna	fothadán	ime
5 cosúil	céile	céilí
6 eochair	Sasanach	ceolmhar
7 imir	bóthar	bobarún

4 In each phrase below, cross out the vowel that would be dropped in speech. Try pronouncing the phrases. Remember: long vowels (*á*, etc.) are never dropped, even if unstressed; e.g. **duine ard**.

1 daoine eile	3 Donncha Ó Briain
2 Úna atá orm	4 Tá an oíche ann

5   Tá timpiste ann
6   Tá sé anseo anois
7   feirmeoirí anseo
8   Tá fear eile ansin
9   duine ar bith
10 Tá mé ag imeacht
11 mise agus tusa
12 sásta anois

13 seomra Úna
14 Fáilte isteach
15 Dia anseo
16 Tá rudaí eile ann
17 Cén Béarla atá ar . . .
18 oíche álainn
19 baile in Éirinn
20 Níl sise ann

5   In the words below, only the pronounced vowels are given. Check spaces if an extra vowel is needed to signal consonant quality (slender consonants are underlined). Not every space will require an additional vowel. (For a further challenge, choose which vowel would fit the space – answers will give the correct vowel.) E.g.: Á n e → Á✓n e (answer will read Áine)

1 C a tr í n a
2 t í
3 m a ll
4 b á d ó r a cht
5 c a nn

6 ma st i r
7 t í
8 m a ll
9 s i m ú l
10 s ao rs e

Answers to exercises

1   1 bád, leithscéal, páipéar. 2 duine, bó, buí. 3 báisteach, beo, bí. 4 díreach, scríobh, Seán. 5 freagra, Bairbre, dóthain. 6 caoi, Bríd, saoire. 7 ceist, abair, gloine.

2   1 bád, crann, baile, cailín. 2 min, tinn, cor, carr. 3 fear, féar, fearr, múr. 4 cur, doras, dóchas, tae. 5 ceol, mór, poll, dall. 6 amadán, síos, saor, mo.

3   1 cailín, amadán, cóta. 2 baile, eochair, foraois. 3 coláiste, foclóir, Protastúnach. 4 dathanna, fothadán, ime. 5 cosúil, céile, céilí. 6 eochair, Sasanach, ceolmhar. 7 imir, bóthar, bobarún.

4   1 daoine eile. 2 Úna atá orm. 3 Donncha Ó Briain. 4 Tá an oíche ann. 5 Tá timpiste ann. 6 Tá sé anseo anois. 7 feirmeoirí anseo. 8 Tá fear eile ansin. 9 duine ar bith. 10 Tá mé ag imeacht. 11 mise agus tusa. 12 sásta anois. 13 seomra Úna. 14 Fáilte isteach. 15 Dia anseo. 16 Tá rudaí eile ann. 17 Cén Béarla atá ar . . . . 18 oíche álainn. 19 baile in Éirinn. 20 Níl sise ann.

5   1 Caitríona. 2 tí. 3 mall. 4 bádóireacht. 5 ceann. 6 máistir. 7 tuí. 8 meall. 9 suimiúil. 10 saoirse.

UNIT TWO
Word order and simple sentences

Normal word order in basic Irish sentences is verb–subject–object. The action or event described is mentioned first and then the individuals involved. In contrast, English usually puts the verb in the middle.

Irish			*English*		
V	S	O	S	V	O
Cheannaigh	**Máire**	**carr.**	Máire	bought	a car.
Feiceann	**an t-éan**	**thú.**	The bird	sees	you.
Imreoidh	**siad**	**cártaí.**	They	will play	cards.
Thit	**mé.**		I	fell.	

As the last example shows, some events have only one participant (the subject); the verb still comes first in Irish. If there are three participants, the third (indirect object) is preceded by a preposition and follows the other two:

Thug Máire carr do Liam.   Máire gave a car to Liam.
D'inis Máime scéal do Niamh.   Mommy told Niamh a story.

If the direct object is expressed by a pronoun, that pronoun usually will come last. Subjects, even pronouns, immediately follow the verb. Notice again the differences between Irish and English order.

Thug Máire do Liam *é*.   Máire gave *it* to Liam.
Thug sí carr do*m*.   She gave *me* a car.
Thug sí dom *é*.   She gave *it* to me.

Some subject pronouns are built into the verb as suffixes. In these cases, there is no separate pronoun; the object immediately follows the verb. If there is no object or other information expressed, the verb and its suffix alone may form a complete sentence. Verb forms will be covered in detail in later units.

Feici*m* Bríd.	*I* see Bríd.
Imreo*imid* cártaí.	*We* will play cards.
Thitea*dar*.	*They* fell.

A sentence may include additional information, about time, place, other people or things involved. This usually follows the verb and any subject or object nouns. Place usually precedes time.

Cheannaigh mé carr i nGaillimh.	I bought a car in Galway.
Thit mé inné.	I fell yesterday.

Cheannaigh mé carr i nGaillimh
    inné.
	I bought a car in Galway
	    yesterday.

Object pronouns still tend to come last.

Feiceann an t-éan anois *thú*.	The bird sees *you* now.
Feicim ar an mbord *é*.	I see *it* on the table.

The verb bí 'be'

The present tense of the verb **bí** 'be' is **tá**. Like other verbs, its subject immediately follows it and then a third element (the predicate), which cannot be another noun (see Unit 17 for linking nouns with 'be') but can be a prepositional phrase or a place adverb, or a descriptive adjective (or phrase).

Tá mé in Éirinn.	I am in Ireland.
Tá Bríd i Sasana.	Bríd is in England.
Tá siad anseo.	They are here.
Tá an leabhar ansiúd.	The book is over there.
Tá Liam tinn.	Liam is sick.
Tá carranna daor.	Cars are expensive.

Tá (or its negative **níl**) can signal existence as well. In this case, the third position is filled by **ann**, unless a specific place is mentioned. Such sentences are usually translated by 'there is' or 'there are', but 'exist' may be used as well.

Tá dea-aimsir agus drochaimsir
    ann.
	There's good weather and bad
	    weather.

Níl aonbheannaigh ann.	Unicorns don't exist.
Níl a leithéid de rud ann.	There's no such thing.

If a specific location is named, this replaces **ann**, in the same position.

Tá go leor rudaí anseo.	There are many things here.
Tá úlla ar an mbord.	There are apples on the table.
Tá báisteach san iarthar.	There's rain in the west.

Ann can be considered equivalent to 'there', but appears at the end of the sentence instead of the beginning and is used only when no other location is mentioned. It can also be used as a pronoun-like form, to indicate a location that has already been mentioned in a previous sentence. In this case, it can be translated as 'there' or left untranslated.

Tá Peige ag an scoil agus tá Bairbre ann freisin.
Peggy is at the school and Barbara is (there), too.

Níl Bríd anseo, ach tá Liam ann.
Bríd isn't here, but Liam is.

Although English can just leave 'is' at the end of a sentence, some location word must be included in Irish; **ann** is the default place-filler.

In the usage of 'previously mentioned location', **ann** appears in sentences with other verbs as well:

Chuaigh mé go Baile Átha Cliath agus cheannaigh mé carr ann.
I went to Dublin and I bought a car there.

Noun phrases

Phrases consisting of nouns and modifiers also differ in order from English. The article **an/na** 'the' precedes nouns, as in English, but adjectives (descriptive words) usually follow:

an fear	the man	**na daoine**	the people
an fear mór	the big man	**na daoine óga**	the young people
leabhar	a book	**an carr**	the car
leabhar maith	a good book	**an carr daor**	the expensive car

Possessive pronouns, most numbers, and some words expressing quantity precede the noun, as in English, but other quantity expressions follow. So do the demonstratives **seo** 'this', **sin** 'that', and **úd** 'that (farther away)'.

Preceding:

mo charr	my car	**a siopa**	her shop
trí úll	three apples	**naoi siopa**	nine shops
neart úll	plenty of apples	**cúpla úll**	a couple of apples
beirt chailín	two girls	**roinnt tithe**	some houses
dóthain bia	enough food	**gach fear**	every man
'chuile lá	every day		

Following:

duine amháin	one person	**bean éigin**	some woman
cailín áirithe	a certain girl	**na tithe seo**	these houses
an carr seo	this car	**an siopa sin**	that shop
na daoine úd	those people	**na buachaillí uilig**	all the boys

The phrase **go leor** 'many, enough' can come either before or after the noun:

go leor daoine/daoine go leor	many people

Adjectives immediately follow nouns, before any demonstratives or quantity words in the phrase:

an teach mór sin	that big house
cailín deas áirithe	a certain nice girl

The demonstratives **seo**, **sin**, **úd**, always occur with the article, as above. Demonstratives don't have separate plurals, but the form of the article (and the noun itself) indicates whether a phrase is singular or plural:

an teach seo	this house
na tithe seo	these houses

Numbers may occur with or without the article, and also with demonstratives and possessives, ordered as follows:

na trí úll	the three apples
na trí úll seo	these three apples
a trí úll	her three apples

Some quantity words that follow nouns may allow a preceding article with them:

na tithe breátha uilig	all the fine houses

Adjectives can themselves be qualified by words that generally precede them:

réasúnta maith	reasonably good
cineál tinn	somewhat sick
uafásach daor	awfully expensive
iontach deas	amazingly (i.e., very) nice

Exercises

1 Rearrange the words in each line below into an Irish sentence.

   1 dom Séamas bláthanna thug
   2 bia mbord an tá ar go leor
   3 nua teach in cheannaigh inné Bríd Albain
   4 mo chara inniu tá anseo
   5 mór sin an Máirtín thóg teach

2 1 Combine words from the lists of adjectives and nouns to make fifteen meaningful phrases.

Adjectives	*Nouns*
mór	duine
beag	teach
maith	carr
te	cailín
fuar	buachaill
deas	lá
daor	leabhar
iontach	samhradh
bocht	úll
álainn	bia

   2 Now add one or more of the following to the phrases constructed above, as is appropriate:

an	cúpla	seo
éigin	amháin	sin

3 Add **ann** to the sentences where it is needed. It is not necessary in every sentence. Where **ann** is not required, just add appropriate punctuation.

   1 Tá mise anseo ach níl sise
   2 Tá bord anseo, ach níl úlla

   3 Tá daoine eile sásta
   4 Níl rud ar bith anois
   5 Níl Bríd ná Máirtín anseo
   6 Níl éan anseo, ach tá úlla
   7 Tá Bríd anseo, agus tá sí tinn
   8 Tá Liam i nGaillimh agus tá Máire freisin
   9 Tá scoil anseo, ach níl duine ar bith
  10 Níl Máirtín ná fear eile

4 Translate the following.

   1 I bought three books yesterday.
   2 Peige is in Ireland and Máire is in Scotland now.
   3 That big book is expensive.
   4 A couple of small girls fell here. They are sick now.
   5 I see lots of people at the shop every day.
   6 The shop is big and there is good food there.
   7 Liam told Orla one good story.
   8 Cáit went to school here.
   9 The day is cold and there are no birds.
  10 The nice girl is awfully sick.

Answers to exercises

1 1 Thug Séamas bláthanna dom. 2 Tá bia go leor ar an mbord/Tá go leor
bia ar an mbord. 3 Cheannaigh Bríd teach nua in Albain inné. 4 Tá mo
chara anseo inniu. 5 Thóg Máirtín an teach mór sin.

2 1 *Sample answers*: duine mór, duine bocht, teach daor, teach iontach,
buachaill maith, buachaill deas, carr mór, carr beag, carr daor, lá maith,
lá te, lá fuar, lá iontach, leabhar mór, leabhar maith, samhradh te,
samhradh álainn, úll deas, úll iontach, bia maith, bia fuar, bia deas, etc.
2 *Sample answers*: an duine mór, cúpla duine bocht, an teach daor sin,
teach iontach amháin, an buachaill maith, an buachaill deas seo, an carr
mór sin, carr beag éigin, an carr maith, carr daor amháin, an lá maith,
cúpla lá te, an lá fuar seo, an leabhar mór sin, leabhar maith amháin,
cúpla samhradh te, an samhraidh álainn, a úll deas, úll iontach amháin,
an bia maith seo, an bia fuar sin, an bia deas, etc.

3 1 Tá mise anseo ach níl sise ann. 2 Tá bord anseo, ach níl úlla ann. 3 Tá
daoine eile sásta. 4 Níl rud ar bith anois ann. (or Níl rud ar bith ann anois.)
5 Níl Bríd ná Máirtín anseo. 6 Níl éan anseo, ach tá úlla ann. 7 Tá Bríd
anseo, agus tá sí tinn. 8 Tá Liam i nGaillimh agus tá Máire ann freisin.

(or . . . freisin ann) 9 Tá scoil anseo, ach níl duine ar bith ann. 10 Níl Máirtín ná fear eile ann.

4 1 Cheannaigh mé trí leabhar inné. 2 Tá Peige in Éirinn agus tá Máire in Albain anois. 3 Tá an leabhar mór sin daor. 4 Thit cúpla cailín beag anseo. Tá siad tinn anois. 5 Feicim go leor daoine [or 'daoine go leor'] ag an siopa 'chuile lá [or 'gach lá']. 6 Tá an siopa mór agus tá bia maith ann. 7 D'inis Liam scéal maith amháin do Orla. 8 Chuaigh Cáit ar scoil anseo. 9 Tá an lá fuar agus níl éan ar bith ann. 10 Tá an cailín deas uafásach tinn.

UNIT THREE
Initial mutations: lenition

Initial mutations, characteristic of all Celtic languages, change the first sound of a word in certain contexts. Mutations may be caused by particular words or particles, a specific grammatical structure, or a combination of the two. Mutations are so common in Irish that hardly a sentence can be found without at least one and often several. Mutations primarily affect consonants, but a couple of changes affect words beginning with vowels. Not every consonant undergoes mutation, but if a consonant is affected, it is affected the same way in every case where the mutation applies. The next two units will describe mutation processes, beginning with lenition in this unit.

Lenition

The most common mutation is lenition (sometimes inaccurately called aspiration), which affects nine consonants in a wide range of settings. Lenition is marked in spelling by adding *h* after the affected consonant. The changes to pronunciation all involve weakening the pronounced consonant in some way, often by letting the air flow through the mouth more freely while producing the consonant. Specific changes are as follows:

Original consonant	Spelling change	Pronunciation	Examples original (lenited)
b	bh	/v/ or /w/	**bán (bhán)**
c	ch	/x/ (as in *Bach*)	**cóta (chóta)**
d	dh	/ɣ/ (softer than *ch*)	**dubh (dhubh)**
f	fh	silent	**fuinneog (fhuinneog)**
g	gh	/ɣ/	**gaoth (ghaoth)**
m	mh	/v/ or /w/	**máthair (mháthair)**
p	ph	/f/	**póca (phóca)**
s	sh	/h/	**sagart (shagart)**
t	th	/h/	**teach (theach)**

The alternate pronunciations of lenited *b* and *m* depend in part on the regional variant spoken. For some dialects, the pronunciation is always closest to /v/ in both cases. In others, the pronunciation /v/ is used when the consonant is slender or followed by another consonant, and /w/ is found when a broad consonant is followed by a vowel:

Pronounced like v	*Pronounced like w*
bhean	**bhuachaill**
bhrúigh	**bhuan**
mhill	**mhol**
mhná	**mháthair**

It will be noticed that lenited consonants also appear occasionally in the middle and at the end of some words. Pronunciations in these positions are generally the same as in initial position, except as noted below. There is some regional variation in the pronunciation of consonants mid-word and word-finally, best learned by listening to native speakers.

At the end of a word, *th* is silent (except in Donegal), unless the next word begins with a vowel, in which case /h/ is heard.

maith	**culaith**
bith	**anraith**
rith	**sáith**

Final *dh* and *gh* are generally silent in the regions north of the Shannon, but in the south (Munster) they may be pronounced as /g/, especially when slender.

samhraidh
feicfidh
éirigh
amuigh

In the middle of a word, they are usually pronounced somewhat like English *y*, and often combine with adjacent vowels to form a diphthong /ai/ (described in Unit 1). Likewise, broad *bh* or *mh* combine with *a* as the diphthong /au/. The English borrowings below show the Irish and English spelling equivalents (same pronunciation) in italics.

pra*gh*as	pri*ce*
da*bh*t	dou*b*t

Lenition contexts

Common uses of lenition include the following:

- Marking verbs for tense:

Titim.	I fall.	**Thit mé.**	I fell.
Glan é.	Clean it!	**Ghlan sí é.**	She cleaned it.

- Negative verbs:

Feicim.	I see.	**Ní fheicim.**	I don't see.

- Signalling gender of nouns:

an buachaill	the boy	**an bhean**	the woman
an crann	the tree	**an chlann**	the family

- Agreement of adjectives with feminine nouns:

lá maith	a good day	**oíche mhaith**	a good night

- Following various particles:

teach amháin	one house	**trí theach**	three houses
a carr	her car	**a charr**	his car
ag Gearóid	by Gearóid	**ó Ghearóid**	from Gearóid

These and other uses of lenition will be introduced in later units as they come up.

Blocking of lenition

When *s* (broad or slender) is followed by one of the consonants *p*, *t*, *c*, *f*, *m*, it is not lenited. Compare the following with the lenited examples above.

Scaip siad.	They scattered.
Ní stopann sé.	He doesn't stop.
an scian mhaith	the good knife
trí sciorta	three skirts
ó Stiofán	from Stiofán

It's also blocked when the word that should be affected follows a word that ends in a consonant produced with the tongue in the same place in the mouth. Thus, *t*, *d*, and *s* are not lenited after the definite article **an**, even when other consonants would be. For example:

an *bh*ean bheag the small woman BUT **an *t*ír bheag** the small country
an *gh*loine mhór the big glass   **an *d*eoch mhór** the big drink

Feminine nouns are lenited after **an** 'the', but although **tír** and **deoch** are feminine (shown by the lenited adjectives), *t* and *d* aren't lenited, because they follow *n*, produced with the tongue in the same position. Lenition of *s* is also blocked after **an**, but another mutation may apply (see Unit 4). Other words which prevent lenition of *t*, *d*, *s* include **céad** 'first', and **agus** 'and'.

Exercises

1 Underline the consonants below which can be affected by lenition:

b c d f g h l m n p r s t

2 Make each of the following commands into a past-tense statement to indicate you performed the action, by leniting the consonant of the verb (if possible) and adding the pronoun **mé** 'I' after the verb. E.g.: Suigh síos! → <u>Shuigh mé síos</u>.

1 Seas!	11 Mínigh an cheist!
2 Bris an chailc!	12 Dún an doras!
3 Scríobh litir!	13 Triail é!
4 Léigh an leabhar!	14 Buail isteach!
5 Ceannaigh bia!	15 Lean an múinteoir!
6 Gearr an t-arán!	16 Nigh do lámha!
7 Pós Liam!	17 Múch an tine!
8 Tosaigh!	18 Glan an teach!
9 Siúil!	19 Rith!
10 Caith é!	20 Dúisigh!

3 For each of the following feminine nouns, add the definite article **an** 'the', and lenite the intial consonant of the noun where appropriate:

1 tine	11 cailleach
2 fuinneog	12 spéir
3 léine	13 Gaeltacht
4 traein	14 oifig
5 bráillín	15 pian
6 deirfiúr	16 mil
7 nead	17 cnámh
8 aois	18 beach
9 grian	19 fírinne
10 máistreás	20 réaltóg

4 Negate the following sentences, by adding **ní**, and leniting the verb where possible.

1 Feicim Seán.
2 Siúlann sé.
3 Imreoidh siad cártaí.
4 Ritheann sí gach lá.
5 Glanann sí tithe.
6 Scríobhaim.
7 Creidim é.
8 Déanann sí iarracht.
9 Léann siad filíocht.
10 Tiocfaidh tú.

5 Translate.

1 her house
2 his son
3 his book
4 He walked
5 from Bríd
6 three trees
7 from Liam
8 I don't understand
9 I wrote
10 three houses

Answers to exercises

1 b̲ c̲ d̲ f̲ g h l m̲ n p̲ r s̲ t̲

2 1 Sheas mé. 2 Bhris mé an chailc. 3 Scríobh mé litir. 4 Léigh mé an leabhar. 5 Cheannaigh mé bia. 6 Ghearr mé an t-arán. 7 Phós mé Liam. 8 Thosaigh mé. 9 Shiúil mé. 10 Chaith mé é. 11 Mhínigh mé an cheist. 12 Dhún mé an doras. 13 Thriail mé é. 14 Bhuail mé isteach. 15 Lean mé an múinteoir. 16 Nigh mé mo lámha. 17 Mhúch mé an tine. 18 Ghlan mé an teach. 19 Rith mé. 20 Dhúisigh mé.

3 1 an tine. 2 an fhuinneog. 3 an léine. 4 an traein. 5 an bhráillín. 6 an deirfiúr. 7 an nead. 8 an aois. 9 an ghrian. 10 an mháistreás. 11 an chailleach. 12 an spéir. 13 an Ghaeltacht. 14 an oifig. 15 an phian. 16 an mhil. 17 an chnámh. 18 an bheach. 19 an fhírinne. 20 an réaltóg.

4 1 Ní fheicim Seán. 2 Ní shiúlann sé. 3 Ní imreoidh siad cártaí. 4 Ní
   ritheann sí gach lá. 5 Ní ghlanann sí tithe. 6 Ní scríobhaim. 7 Ní chreidim
   é. 8 Ní dhéanann sí iarracht. 9 Ní léann siad filíocht. 10 Ní thiocfaidh tú.

5 1 a teach. 2 a mhac. 3 a leabhar. 4 Shiúil sé. 5 ó Bhríd. 6 trí chrann.
   7 ó Liam. 8 Ní thuigim. 9 Scríobh mé. 10 trí theach.

UNIT FOUR
Other mutations

Several less widespread mutations are illustrated in this unit.

Eclipsis

Eclipsis affects only the consonants below, at the beginning of words. It is marked in writing by placing the consonant representing the new pronunciation in front of the original consonant:

Original consonant	Spelling change	Pronunciation	Examples original (eclipsed)
b	*mb*	/m/	**bord (mbord)**
c	*gc*	/g/	**cailín (gcailín)**
d	*nd*	/n/	**duine (nduine)**
f	*bhf*	/v/ or /w/	**Frainc (bhFrainc)**
g	*ng*	/ŋ/	**gaoth (ngaoth)**
p	*bp*	/b/	**póca (bpóca)**
t	*dt*	/d/	**teach (deteach)**

The pronunciation of *bhf* follows the pattern described in Unit 3 for lenited *b* and *m*. The pronunciation of *ng* is like the same sequence in English 'sing'.

Like lenition, eclipsis of *t, d* is blocked after **an** or any other words ending in the consonants *t, d, n*.

Eclipsis also prefixes *n-* to words beginning with a vowel (unless the eclipsing word itself ends in an *n*):

seacht n-éan   seven birds   BUT   **in Éirinn**   in Ireland

Eclipsis contexts

Common triggers of eclipsis include:

- various preverbal particles:

An bhfeiceann tú é?	Do you see it?
Sílim go gcloisim ceol.	I think I hear music.

- the numbers 7–10:

seacht dteach	seven houses

- plural possessives:

ár gcairde	our friends
a gcarr	their car

- the preposition **i(n)** 'in':

i bPáras	in Paris
i nGaillimh	in Galway

In some dialects, the sequence of a preposition + definite article (**an**) also causes eclipsis on the following noun (see Unit 9).

h-prefixation

When a word starts with a vowel and follows certain unstressed particles which end in a vowel, an *h* is prefixed to the second word, in both pronunciation and spelling, separating the two vowels:

an oifig	the office	**na *h*oifigí**	the offices
bean álainn	a beautiful woman	**tá sí go *h*álainn**	she is beautiful

The particles which cause *h*-prefixation have no effect on words beginning with a consonant; that is, they are non-leniting, non-eclipsing particles. Particles which lenite a following consonant do not cause *h*-prefixation even if they end in a vowel:

Vowel		*Consonant*	
trí úll	three apples	**trí theach**	three houses
a ainm	his name	**a phóca**	his pocket
na húlla	the apples	**na tithe**	the houses
go hálainn	beautiful	**go maith**	good
a hainm	her name	**a carr**	her car

t-prefixation to consonants

The only consonant affected by this mutation is *s*, both broad and slender. In many environments where lenition is expected but blocked after a matching consonant, usually *n* (Unit 3), an *s* will be replaced in pronunciation by *t* (broad or slender, to match the original), written before it. Most frequently, this includes masculine nouns in the genitive case and feminine nouns in the non-genitive (Unit 6):

an siopa	the shop	**doras an tsiopa**	the door of the shop
an sagart	the priest	**teach an tsagairt**	the priest's house
sráid (fem.)	a street	**an tsráid**	the street

There is no prefixation of *t* if the *s* is followed by any of the consonants *c*, *t*, *p*, *m*, *f*:

an strainséir	the stranger	**ainm an strainséara**	the stranger's name
spéir (fem.)	sky	**an spéir**	the sky

t-prefixation to vowels

A different configuration prefixes *t* to words beginning with vowels. In this case, the *t* is separated from the word it is attached to in spelling by a hyphen. This mutation takes place only on singular masculine nouns after **an** 'the'. The pronunciation of *t* is broad in words beginning with *a*, *o*, or *u*, and slender in words beginning with *i* or *e*.

athair	father	**an t-athair**	the father
uisce	water	**an t-uisce**	the water
im	butter	**an t-im**	the butter

This mutation does not apply to genitive (possessive) forms of masculine nouns nor to any feminine nouns:

an t-uisce	the water	**blas an uisce**	the taste of the water
abhainn	river	**an abhainn**	the river

Summary table of initial mutations

	Lenition	Eclipsis	tS	t-vowel	h-vowel
Nouns after					
an	fem.		fem.	masc.	
	masc.		masc.		
	genitive		genitive		
na					✓
i(n)		✓			
2–6	✓				
7–10		✓			
Adjectives					
after noun	fem.				
go					✓
Verbs past	✓				
after **go**		✓			
an		✓			
ní	✓				

Exercises

1 Write in the lenited and eclipsed forms of each of the following consonants. If a mutation does not apply to a particular consonant, just draw a line in the space.

Consonant	Lenited	Eclipsed
b	_____	_____
c	_____	_____
d	_____	_____
f	_____	_____
g	_____	_____
h	_____	_____
l	_____	_____
m	_____	_____
n	_____	_____
p	_____	_____
r	_____	_____
s	_____	_____
t	_____	_____

2 How are each of the spellings above pronounced?

3   Add the numbers 3 (+ lenition) and 9 (+ eclipsis) to each of the following nouns, along with the appropriate mutation. Try pronouncing the phrases you have written.

		trí	naoi
1	teach	trí_____	naoi _____
2	carr	trí_____	naoi _____
3	scian	trí_____	naoi _____
4	bord	trí_____	naoi _____
5	siopa	trí_____	naoi _____
6	cárta	trí _____	naoi _____
7	leabhar	trí _____	naoi _____
8	fuinneog	trí _____	naoi _____
9	éan	trí _____	naoi _____
10	baile	trí _____	naoi _____
11	doras	trí _____	naoi _____
12	hata	trí _____	naoi _____
13	gúna	trí _____	naoi _____
14	póca	trí_____	naoi _____
15	maidin	trí_____	naoi _____

4   Before a consonant, the preposition **i** 'in' causes eclipsis. Before a vowel it becomes **in**. With this information, insert the following place-names, with appropriate changes, into the sentence frame: Tá siad in _____.

1 Baile Átha Cliath	11 Gaillimh
2 Sasana	12 Corcaigh
3 Dún na nGall	13 Éirinn
4 Ceanada	14 Texas
5 Port Láirge	15 Meiriceá
6 Londain	16 Boston
7 Nua-Eabhrac	17 Páras
8 Glinsce	18 Tiobraid Árann
9 Ciarraí	19 Droichead Átha
10 Albain	20 Béal Féirste

5   Put the article **an** with the nouns below, adding the appropriate mutations. Nouns are identified by gender. Try pronouncing each phrase as well.

Masculine	*Feminine*
doras	bó
cnoc	seachtain
teach	tine
gúna	oifig
athair	cathair

pláta	gloine
uncail	máthair
sagart	pian
lá	fuinneog
oileán	iris
sneachta	báisteach

6 Place an *h* or a *t*, as appropriate, in front of the word-initial vowels below. If no addition is needed, leave the phrase unchanged.

1	na	úlla
2	an	úll
3	go	álainn
4	bean	álainn
5	an	uncail
6	an	aintín
7	na	aintíní
8	an	abhainn
9	na	aibhneacha
10	go	olc
11	go	iontach
12	an	im
13	an	eitleán
14	na	eochracha
15	an	athair

7 Translate the following phrases into Irish.

1 Do you understand?
2 five plates
3 the poor woman
4 I don't see.
5 eight horses
6 the street
7 my good car
8 houses on a hill
9 The island is beautiful.
10 two dresses

Answers to exercises

1

Consonant	Lenited	Eclipsed
b	bh	mb
c	ch	gc
d	dh	nd
f	fh	bhf
g	gh	ng
h	–	–
l	–	–
m	mh	–
n	–	–
p	ph	bp
r	–	–
s	sh	–
t	th	dt

2 *bh* pronounced /w/ or /v/, *mb* pronounced /m/, *mh* pronounced /w/ or /v/. *ch* pronounced /x/ (as in **loch**), *gc* pronounced /g/. *dh* pronounced /ɣ/, *nd* pronounced /n/, *ph* pronounced /f/, *bp* pronounced /b/. *fh* not pronounced, *bhf* pronounced /v/ or /w/. *gh* pronounced /ɣ/, *ng* pronounced /ŋ/ (as in 'sing'), *sh* pronounced /h/. *th* pronounced /h/, *dt* pronounced /d/.

3 1 teach, trí theach, naoi dteach. 2 carr, trí charr, naoi gcarr. 3 scian, trí scian, naoi scian. 4 bord, trí bhord, naoi mbord. 5 siopa, trí shiopa, naoi siopa. 6 cárta, trí chárta, naoi gcárta. 7 leabhar, trí leabhar, naoi leabhar. 8 fuinneog, trí fhuinneog, naoi bhfuinneog. 9 éan, trí éan, naoi n-éan. 10 baile, trí bhaile, naoi mbaile. 11 doras, trí dhoras, naoi ndoras. 12 hata, trí hata, naoi hata. 13 gúna, trí ghúna, naoi ngúna. 14 póca, trí phóca, naoi bpóca. 15 maidin, trí mhaidin, naoi maidin.

4 1 Tá siad i mBaile Átha Cliath. 2 Tá siad i Sasana. 3 Tá siad i nDún na nGall. 4 Tá siad i gCeanada. 5 Tá siad i bPort Láirge. 6 Tá siad i Londain. 7 Tá siad i Nua-Eabhrac. 8 Tá siad i nGlinsce. 9 Tá siad i gCiarraí. 10 Tá siad in Albain. 11 Tá siad i nGaillimh. 12 Tá siad i gCorcaigh. 13 Tá siad in Éirinn. 14 Tá siad i dTexas. 15 Tá siad i Meiriceá. 16 Tá siad i mBoston. 17 Tá siad i bPáras. 18 Tá siad i dTiobraid Árann. 19 Tá siad i nDroichead Átha. 20 Tá siad i mBéal Féirste.

5 *Masculine*: an doras, an cnoc, an teach, an gúna, an t-athair, an pláta, an t-uncail, an sagart, an lá, an t-oileán, an sneachta.
Feminine: an bhó, an tseachtain, an tine, an oifig, an chathair, an ghloine, an mháthair, an phian, an fhuinneog, an iris, an bháisteach.

6   1 na húlla. 2 an t-úll. 3 go hálainn. 4 bean álainn. 5 an t-uncail. 6 an aintín.
    7 na haintíní. 8 an abhainn. 9 na haibhneacha. 10 go holc. 11 go hiontach.
    12 an t-im. 13 an t-eitleán. 14 na heochracha. 15 an t-athair.

7   1 An dtuigeann tú? 2 cúig phláta. 3 an bhean bhocht. 4 Ní fheicim. 5 ocht
    gcapall. 6 an tsráid. 7 mo charr maith. 8 tithe ar chnoc. 9 Tá an t-oileán
    go hálainn. 10 dhá ghúna.

UNIT FIVE
Nouns and articles

Nouns undergo mutation following the definite article, depending on a combination of factors, including the gender and number of the noun and its role in the sentence. The first two factors will be discussed here and the third in Unit 6.

Gender and number

All Irish nouns belong inherently to one of two 'gender' classes, masculine or feminine. Usually, when a noun refers to a person or animal, the grammatical gender will match the biological sex, but there are exceptions. For example **stail** 'stallion' is a grammatically feminine noun, whereas **cailín** 'girl' is grammatically masculine. Applied to inanimate objects or abstract concepts such as tables, land, chess pieces or freedom, gender is arbitrary and must simply be learned with the noun. Rarely, the gender of a few nouns may vary across dialects of Irish (we use the Official Standard here).

Pronouns referring to humans follow biological gender. Pronouns referring to animals and inanimate objects follow the grammatical gender.

Noun	Pronoun	English usage
buachaill (masc.) boy	**sé**	he
teach (masc.) house	**sé**	it
cailín (masc.) girl	**sí**	she
stail (fem.) stallion	**sí**	he, it
bean (fem) woman	**sí**	she
bó (fem.) cow	**sí**	she, it
leaba (fem.) bed	**sí**	it

In many dialects, feminine pronouns are also used for vehicles (and a few other words) regardless of gender.

Number varies depending on intended meaning. Most nouns referring to things that can be counted have separate singular and plural forms. Nouns referring to substances, such as money, sand, water, and other liquids, or to abstract concepts, like integrity, knowledge, and freedom, don't generally have plural forms. In this respect, Irish is like English.

Gender can sometimes be predicted from the form of a noun, but not always. Nouns ending in a broad consonant are often masculine, and those ending in a slender consonant are often feminine:

Masculine		*Feminine*	
cupán	cup	**cill**	churchyard
ceann	head	**cathair**	city
cat	cat	**súil**	eye
bóthar	road	**deoir**	drop, tear

But there are important exceptions:

Masculine		*Feminine*	
im	butter	**clann**	family
cailín	girl	**lámh**	hand

Nouns ending in *-ach* may be either masculine (e.g., **éadach** 'cloth') or feminine (e.g., **bratach** 'flag').

Certain endings are consistently associated with particular genders, including the following:

Nouns ending in:

Masculine			*Feminine*		
-ín:	**caipín**	cap	**-óg/-eog:**	**fuinneog**	window
-óir/-eoir:	**múinteoir**	teacher	**-lann:**	**leabharlan**	library
-acht	**acht**	act, law	**-acht**	**Gaeltacht**	
(one syllable)			(two + syllables)		
-éir:	**búistéir**	butcher	**-áil:**	**cáil**	reputation
-án:	**cupán**	cup	**-íl:**	**feadaíl**	whistling
-a:	**mála**	bag	**-íocht:**	**filíocht**	poetry
-adh:	**geimhreadh**	winter			
-aire:	**iascaire**	fisherman			

In other cases, no pattern is obvious, and gender must simply be memorized.

Plural forms

Irish plurals are quite variable. Forms vary from region to region as well as from noun to noun, and the processes are sometimes quite complex, so plurals are best learned with each noun. Standard plurals are provided in dictionaries. Only a brief overview of the most common patterns will be given here.

Many nouns ending in a short vowel (usually *a* or *e*), form their plural by adding the suffix *-í*. If the final vowel of the singular is *e*, it is dropped from spelling.

Nouns ending with *-ín*, *-óir*, and *-éir* and a few others also add *-í* in the plural.

Singular	Plural	
pionta	**piontaí**	pint(s)
siopa	**siopaí**	shop(s)
cluiche	**cluichí**	game(s)
cailín	**cailíní**	girl(s)
múinteoir	**múinteoirí**	teacher(s)
búistéir	**búistéirí**	butcher(s)
rud	**rudaí**	thing(s)

Nouns ending in a long /i:/ sound, whether spelled as *-í* or as *-aoi*, often add *-the* in the plural:

dlí	**dlíthe**	law(s)
croí	**croíthe**	heart(s)
draoi	**draoithe**	druid(s)

Many masculine nouns ending in a broad consonant form their plurals by making the consonant slender. If the vowel of the word is *a* (or *ea*), it may change to an *i* in the plural. For example,

Singular	Plural	
fear	**fir**	man/men
peann	**pinn**	pen(s)
bád	**báid**	boat(s)
sagart	**sagairt**	priest(s)
eitleán	**eitleáin**	airplane(s)
séipéal	**séipéil**	chapel(s)

Nouns ending in -*ach* and referring to nationalities, plus a few others, change -*ach* to -*aigh* in the plural:

Singular	*Plural*	
Éireannach	**Éireannaigh**	Irish people
Gearmánach	**Gearmánaigh**	German(s)
leathanach	**leathanaigh**	page(s)

Others change -*ach* to -*aí* instead (masculine nouns) or add -*a* (feminine nouns):

éadach	**éadaí**	cloth/clothes
cailleach	**cailleacha**	old woman/women
curach	**curacha**	curragh(s) (a kind of boat)

One of the commonest endings for other nouns (regardless of gender) is -*(e)acha*:

Singular	*Plural*	
cathaoir	**cathaoireacha**	chair(s)
clár	**cláracha**	board(s), program(s)
teanga	**teangacha**	tongues

Another is -*(e)anna*. Nouns adding this suffix are almost all single syllables:

Singular	*Plural*	
bus	**busanna**	bus(es)
carr	**carranna**	car(s)
lao	**laonna**	calf/calves
duais	**duaiseanna**	prize(s)
bláth	**bláthanna**	flower(s)
céim	**céimeanna**	step(s)

The ending -*a* is found on all nouns that end with -*eog*, -*óg*, as well as many monosyllables ending in a broad consonant:

fuinneog	**fuinneoga**	window(s)
cearc	**cearca**	hen(s)
cos	**cosa**	foot/feet

Several words for body parts have plurals like that of **cos**, e.g., **lámh**, **bos**, **cluas**.

The suffix *-ta* pluralizes many nouns ending in *l* or *n*; some ending in *r* use *-tha*:

scéal	**scéalta**	story/stories
saol	**saolta**	life/lives
rón	**rónta**	seal(s)
scór	**scórtha**	score(s)
múr	**múrtha**	shower(s)

When a two-syllable noun ending in *r* or *l* takes a suffix, a short vowel in the last syllable may drop out. Common examples include:

Singular	*Plural*	
bóthar	**bóithre**	road(s)
fiacal	**fiacla**	tooth/teeth
litir	**litreacha**	letter(s)
athair	**aithreacha**	father(s)

Other changes of vowel or consonant quality may accompany certain plural forms (as in **bóthar**, above), and there is much dialect variation regarding details. A few irregular plurals will be introduced in the next lesson along with other irregularities.

The article

There is no indefinite article (like English 'a', 'an') in Irish:

cailín	girl, a girl
bád	boat, a boat

The only article is the definite article, roughly equivalent to English *the*. It has two forms:

an	is used for all singular nouns, except feminine nouns in the genitive case.
na	is used for all plural nouns and for feminine nouns in the genitive case (see Unit 6).

an bád	the boat	**na báid**	the boats
an cailín	the girl	**na cailíní**	the girls

The article is used somewhat more widely in Irish than its English equivalent, being found, for example, with the names of certain countries and languages and in other cases where English has no article:

an Fhrainc	France
an Ghaeilge	Irish (language)
an cheimic	chemistry
an Cháisc	Easter
an pholaitíocht	politics
an dífhostaíocht	unemployment
an brón	sorrow

Various consonant mutations are linked to the use of the article, in particular gender + case combinations. These are discussed more specifically below and in Unit 6.

Mutations after the article

As a general rule, the definite article has opposite effects for the two genders. Singular masculine nouns beginning with a consonant have no mutations after the article **an** when they are the subject or object of a verb. Nouns beginning with a vowel take a *t-* prefix:

an siopa	the shop		**an t-uisce**	the water
an cailín	the girl		**an t-uncail**	the uncle
an cluiche	the game		**an t-oibrí**	the worker
an bus	the bus		**an t-ainm**	the name
an duine	the person			

In contrast, first consonants of feminine singular nouns are lenited, and *t* is prefixed to *s,* while vowels are unaffected.

an tsaoire	the holiday
an tslí	the way

an bhráillín	the sheet
an bhó	the cow
an tine	the fire (*t, d* unlenited after *n*)
an ghé	the goose
an fhéile	the festival

an aiste	the essay
an oíche	the night

Masculine and feminine nouns are affected identically in the plural; gender of plural nouns is irrelevant to the mutation process. The plural article for both genders and all cases is **na**, which prefixes *h* to vowels, but does not affect consonants (except in the genitive plural, see Unit 6).

Masculine		*Feminine*	
na hainmneacha	the names	**na hoícheanta**	the nights
na cailíní	the girls	**na bráillíní**	the sheets
na busanna	the buses	**na géanna**	the geese
na cluichí	the games	**na féilte**	the festivals
na daoine	the people	**na tinte**	the fires
na siopaí	the shops	**na slite**	the ways

Exercises

1 For each of the following masculine nouns, add the definite article and any appropriate mutations.

1	doras	11	fear
2	oileán	12	leabhar
3	cailín	13	athair
4	teach	14	eitleán
5	uisce	15	im
6	duine	16	carr
7	bord	17	sagart
8	ainm	18	gairdín
9	uncail	19	madra
10	páipéar	20	eolas

2 For each of the following feminine nouns, add the article and any appropriate mutations.

1	tine	11	seachtain
2	bean	12	eochair
3	farraige	13	deoch
4	bó	14	pingin
5	Gaeilge	15	mí
6	oifig	16	abhainn
7	sráid	17	fuinneog
8	maidin	18	báisteach
9	aois	19	súil
10	scian	20	caora

3 Make the following nouns plural, following the patterns given in the lesson. Look them up in a dictionary if you are uncertain of the form or meaning.

1	bealach	11	scéal
2	spúnóg	12	máthair
3	bráillín	13	cupán
4	feirmeoir	14	bileog
5	scoil	15	aois
6	uimhir	16	Sasanach
7	cnoc	17	garda
8	páirc	18	traein
9	cuileog	19	loch
10	mac	20	nuachtán

4 Make the following nouns singular.

1	fir	11	francaigh
2	caiple	12	síolta
3	deartháireacha	13	madraí
4	muca	14	cathracha
5	leabhair	15	bratacha
6	fáinní	16	cinn
7	seachtainí	17	sagairt
8	ceolta	18	doirse
9	uaireanta	19	linbh
10	cairde	20	géanna

5 Identify the gender of the following nouns, using the principles of form and meaning given in the lesson.

1	toradh	11	leabharlann
2	spúnóg	12	siopa
3	foirgneamh	13	bádóir
4	athair	14	tarbh
5	máthair	15	bó
6	fuacht	16	margadh
7	spideog	17	ciontacht
8	féirín	18	iriseoir
9	bróg	19	stoca
10	potaire	20	éigeandáil

Answers to exercises

1   1 an doras. 2 an t-oileán. 3 an cailín. 4 an teach. 5 an t-uisce. 6 an duine.
7 an bord. 8 an t-ainm. 9 an t-uncail. 10 an páipéar. 11 an fear. 12 an
leabhar. 13 an t-athair. 14 an t-eitleán. 15 an t-im. 16 an carr. 17 an sagart.
18 an gairdín. 19 an madra. 20 an t-eolas.

2   1 an tine. 2 an bhean. 3 an fharraige. 4 an bhó. 5 an Ghaeilge. 6 an oifig.
7 an tsráid. 8 an mhaidin. 9 an aois. 10 an scian. 11 an tseachtain. 12 an
eochair. 13 an deoch. 14 an phingin. 15 an mhí. 16 an abhainn. 17 an
fhuinneog. 18 an bháisteach. 19 an tsúil. 20 an chaora.

3   1 bealaí. 2 spúnóga. 3 bráillíní. 4 feirmeoirí. 5 scoileanna. 6 uimhreacha.
7 cnoic. 8 páirceanna. 9 cuileoga. 10 mic. 11 scéalta. 12 máithreacha.
13 cupáin. 14 bileoga. 15 aoiseanna. 16 Sasanaigh. 17 gardaí. 18 traenacha.
19 lochanna. 20 nuachtáin.

4   1 fear. 2 capall. 3 deartháir. 4 muc. 5 leabhar. 6 fáinne. 7 seachtain.
8 ceol. 9 uair. 10 cara. 11 francach. 12 síol. 13 madra. 14 cathair. 15 bratach.
16 ceann. 17 sagart. 18 doras. 19 leanbh. 20 gé.

5   1 toradh, M. 2 spúnóg, F. 3 foirgneamh, M. 4 athair, M. 5 máthair, F.
6 fuacht, M. 7 spideog, F. 8 féirín, M. 9 bróg, F. 10 potaire, M. 11 leabharlann,
F. 12 siopa, M. 13 bádóir, M. 14 tarbh, M. 15 bó, F. 16 margadh, M.
17 ciontacht, F. 18 iriseoir, M. 19 stoca, M. 20 éigeandáil, F.

UNIT SIX
Noun classes and cases

In Irish, as in many languages, nouns may change form according to their function in a phrase or sentence. The different functions are known as *cases*. This unit describes the main case forms of Irish and how they are used, and introduces the details of Irish noun declension.

Case

Compared with many related languages, contemporary Irish has relatively few distinct case forms. Most historical forms have merged into just two in the modern language: the common case and the genitive case. The common case is the unmarked form of the noun, as listed in dictionaries; it is used when the noun or the phrase it is in is the subject or object of the verb. The main function of the genitive case is to mark a possessor of some other noun (the role filled by *'s* in English), with secondary functions, such as identifying parts of a larger whole, typically expressed by 'of' or its equivalent in other languages, or sometimes by an adjective (e.g., 'wooden table'). Genitive nouns are always part of a larger phrase with a relation to some other noun.

Subject	**Tá *an cailín* óg.**	The girl is young.
Object	**Feicim *an cailín*.**	I see the girl.
Genitive	**Feicim cara *an chailín*.**	I see the girl's friend.
	Tá cara *an chailín* óg.	The girl's friend is young.

When a phrase includes a genitive noun, the article **an** appears only once in Irish, before the second, possessor noun, although it might be used twice in the English translation: **doras an tí** '<u>the</u> door of <u>the</u> house'. More generally, whenever a noun is marked with a possessor, it will never also have an article before it, even if its English equivalent does:

cóta Bhriain	Brian's coat
mo chóta	my coat
bóthar Chorcaigh	the road to Cork (literally, 'of Cork')

As a rule of thumb, whenever a phrase contains two or more nouns in a row, the last one will be in the genitive form.

In addition to marking possession and similar relations to another noun (e.g., part-whole, origin, material, function, etc.), the genitive case is found following verbal nouns in progressive constructions (such as 'eating meat', cf. Unit 19), after certain prepositions, to be introduced in *Intermediate Irish*, and after quantity words, such as **roinnt** 'some', **neart** 'plenty', **mórán** 'much', etc. Many English compound nouns take the form of genitive phrases in Irish, e.g., **oifig an phoist** 'post office'.

Forms of the genitive case (the declension classes)

In addition to the two genders, Irish nouns can be grouped into five classes (declensions), which differ in the way their genitive case is formed. The principal forms for singular nouns in each class are described below. Plural nouns will be discussed later.

The first declension

The first declension consists of masculine nouns ending in a broad consonant. These form their genitive by making the final consonant slender. Sometimes, a vowel also changes (*ea* to *i*, *ia* to *éi*). Final *-ch* becomes *-igh*:

fear	a man	**fir**	of a man
iasc	fish	**éisc**	of fish
sagart	a priest	**sagairt**	of a priest
cupán	a cup	**cupáin**	of a cup
éadach	a cloth	**éadaigh**	of a cloth

The second declension

Second-declension nouns are mostly feminine, ending in a consonant; they add the suffix *-e* in the genitive and slenderize final broad consonants. The ending *-(e)ach* on nouns of this class changes to *-(a)í* in the genitive. Vowel changes similar to those in the first declension may apply.

céim	a step	**céime**	of a step
sráid	a street	**sráide**	of a street
fuinneog	a window	**fuinneoige**	of a window
cloch	a stone	**cloiche**	of a stone

báisteach	rain	**báistí**	of rain
pian	pain	**péine**	of pain

The third declension

Third-declension nouns may be masculine or feminine. The class includes nouns ending in various suffixes, including *-óir*, *-éir*, *áil*, *úil*, *-acht*, among others. The genitive form broadens final slender consonants and adds *-a*.

ceacht	a lesson	**ceachta**	of a lesson
rud	a thing	**ruda**	of a thing
bliain	a year	**bliana**	of a year
barúil	an opinion	**barúla**	of an opinion
múinteoir	a teacher	**múinteora**	of a teacher
feoil	meat	**feola**	of meat

The fourth declension

The fourth declension includes most nouns with a final vowel, plus a few others, including all those ending in *-ín*. They may be feminine or (more often) masculine, and do not change form in the genitive.

cailín	a girl	**cailín**	of a girl
baile	a town	**baile**	of a town
uncail	an uncle	**uncail**	of an uncle
bia	food	**bia**	of food

The fifth declension

The fifth declension contains a small set of (mostly feminine) nouns ending in vowels or slender consonants. Their various genitive forms all end in a broad consonant, either suffixed or formed by broadening the final slender consonant, or both. An unstressed short vowel may be dropped before *l* or *r* when a suffix is added.

abhainn	a river	**abhann**	of a river
athair	a father	**athar**	of a father
comharsa	a neighbor	**comharsan**	of a neighbor
cara	a friend	**carad**	of a friend
beoir	beer	**beorach**	of beer
cathaoir	a chair	**cathaoireach**	of a chair
cathair	a city	**cathrach**	of a city

There are minor variations within each class, usually involving vowel changes. These can be learned for individual nouns as they are encountered.

Case and the definite article

The mutations introduced in Unit 5 apply to nouns in the common case following the article **an/na**. When a genitive noun follows an article, the mutations are generally the opposite of those in the common case. Examples in this section are all of the fourth declension (genitive doesn't change form) so as to focus attention on the mutations associated with the article. These mutations are the same for all nouns.

An doesn't change the form of masculine genitive nouns, but prefixes *t* before *s* and lenites other consonants (except *t*, *d*). But *t-* is **not** prefixed to vowels in the genitive case. The common case forms from Unit 5 are repeated here to show the contrast with the genitive:

Common	*Genitive*	
an siopa	**fear an tsiopa**	the man of the shop, the shopkeeper
an seomra	**doras an tseomra**	the door of the room
an cailín	**ainm an chailín**	the girl's name
an bus	**uimhir an bhus**	the number of the bus
an duine	**ainm an duine**	the person's name (*t*, *d* unlenited after *n*)
an t-uisce	**blas an uisce**	the taste of the water
an t-uncail	**ainm an uncail**	the uncle's name

The feminine singular genitive article is **na**. It does not affect consonants but prefixes *h* to vowels. Note the contrasts with the common forms from Unit 5.

Common	*Genitive*	
an tsaoire	**dáta na saoire**	the date of the holiday
an tslí	**eolas na slí**	knowledge of the way
an bhráillín	**dath na bráillín**	the colour of the sheet
an tine	**teas na tine**	the heat of the fire
an fhéile	**lá na féile**	the day of the festival
an oíche	**lár na hoíche**	the middle of the night

Genitive plurals

In the genitive plural, all nouns are eclipsed after **na** (with *n-* before vowels):

Masculine		*Feminine*	
lár na gcluichí	the middle of the games	**lár na bhféilte**	the middle of the festivals
caint na ndaoine	speech of the people	**teas na dtinte**	the heat of the fires
amchlár na mbusanna	the timetable of the buses	**fad na n-aistí**	the length of the essays
doirse na siopaí	the doors of the shops	**eolas na slite**	knowledge of the ways

Genitive case forms are also simpler for plural nouns than for singular nouns. In all declension classes except the first, eclipsis after **na** is the only difference from the common plural form. The nouns themselves don't change.

na daoine	the people	**caint na ndaoine**	the speech of the people
na cailíní	the girls	**aois na gcailíní**	the age of the girls
cailíní	girls	**ainmneacha cailíní**	girls' names
na siopaí	the shops	**doirse na siopaí**	the doors of the shops

In the first declension, the genitive plural is the same as the common singular; whereas the genitive singular slenderizes a final consonant, in the genitive plural it remains broad.

	Singular	*Plural*	
Common	**bád**	**báid**	boat
Genitive	**báid**	**bád**	

When nouns of this class form the plural with a suffix rather than a slenderized consonant, most use the same plural form for the genitive.

	Singular	*Plural*	
Common	**bóthar**	**bóithre**	road
Genitive	**bóthair**	**bóithre**	

A few nouns with the plural suffix *-a* (*-aí* in some dialects), are exceptional; their genitive plural is identical to the common singular.

	Singular	Plural	
Common	**úll**	**úlla**	apple
Genitive	**úill**	**úll**	

First-declension nouns ending in -*ach* (plural -*aí*) are the same in the genitive plural; nouns which change *ach* to *aigh* have a genitive plural like the common singular.

	Singular	Plural	
Common	**éadach**	**éadaí**	cloth, clothes
Genitive	**éadaigh**	**éadaí**	
Common	**Sasanach**	**Sasanaigh**	Englishman
Genitive	**Sasanaigh**	**Sasanach**	

A few feminine second-declension nouns, mostly words for body parts, also have a genitive plural identical to the standard singular common form.

lámh	hand
cluas	ear
cnámh	bone
cos	foot
bos	palm of hand
bróg	shoe

Irregular nouns

Many nouns with irregular genitive case forms also have irregular plurals; these are shown below. Where a genitive plural is not listed, it is the same as the common plural. Only **bean** 'woman' has a separate genitive plural form.

Com. Sing.	Com. Pl.	Gen. Sing.	Gen Pl.
bean a woman	**mná** women	**mná** of a woman	**ban** of women
teach a house	**tithe** houses	**tí** of a house	
dia a god	**déithe** gods	**dé** of a god	
lá a day	**laethanta** days	**lae** of a day	
leaba a bed	**leapacha** beds	**leapa** of a bed	
deoch a drink	**deochanna** drinks	**dí** of a drink	
deirfiúr a sister	**deirfiúracha** sisters	**deirféar** of a sister	
mí a month	**míonna** months	**míosa** of a month	
olann wool	–	**olla** of wool	
talamh land	**tailte** lands	**talaimh, talún** (equally acceptable) of land	

Double genitives

Sometimes a noun may be followed by a series of two (or more) possessive nouns. In these cases, only the last noun of the sequence (the one after the article) is genitive in form, but the initial consonant is lenited on any noun functioning as a possessor:

obair *bhean an tí*	the work of the landlady
dath *theach Sheáin*	the colour of Seán's house
seoladh *oifig an phoist*	the address of the post office

Exercises

1 Change each article + noun sequence below from common case to genitive case, inserting it into the larger phrase provided by the noun and making any necessary mutations and changes to the article. The gender of each noun (except those beginning with *t*, *d*, *sp*, *st*, *sc*) will be revealed by the mutation or absence of mutation in the common case given. For these particular nouns, the only change will be in the article and/or mutation.

  1 ainm _____

                                     an cailín

    an máistir

    an t-uncail

    an aintín

    an file

    an madra

    an seanduine

    an bhanaltra

  2 dath _____

    an eala

    an bus

    an bhó

    an siopa

    an ghloine

    an cárta

    an bríste

    an fharraige

  3 i lár _____

    an seomra

    an oíche

    an cluiche

    an fhéile

    an baile

	an tráthnóna
	an tsaoire
	an gairdín
4 blas _____	an t-uisce
	an béile
	an t-uncail
	an cáca
	an tsú
	an sicín
	an pionta
	an bia
5 ar son _____	an Ghaeilge
	an tsláinte
	an bhanphrionsa
	an Béarla
	an t-ainm
	an beatha
	an tsaoirse
	an teanga

2 Make each of the following phrases (article + noun) plural. All these nouns form their plural by adding the suffix -*í* or replacing *e* with it. Do not change the noun that precedes the article.

1 praghas an phionta
2 súile an chailín
3 an eala
4 an fharraige
5 muintir an tsiopa
6 doirse na hoifige
7 obair an fhile
8 lár an chluiche
9 an tseachtain
10 dath an bhalla
11 an t-iascaire
12 ainm an iascaire
13 dath an gheata
14 obair na banaltra
15 deireadh an téarma
16 dath an mhadra
17 lár na farraige
18 fad an dréimire
19 lár na seachtaine
20 ainm an pháiste

3 Give the genitive form of the following nouns. Their declension class is given in parentheses.

1	sagart (1)	11	im (2)
2	Gaeltacht (3)	12	duine (4)
3	bord (1)	13	rud (3)
4	fuinneog (2)	14	máthair (5)
5	traein (5)	15	teach (Irr.)
6	Sasanach(1)	16	tae (4)
7	capall (1)	17	oifig (2)
8	aintín (4)	18	arán (1)
9	cluas (2)	19	scríbhneoir (3)
10	leaba (Irr.)	20	bliain (3)

4 Convert the following phrases to the genitive case, making appropriate mutations as well as changing the form of the noun where necessary. The gender of the noun is identified to assist with the mutations.

Masculine		*Feminine*	
1	an carr	11	an chathaoir
2	an teach	12	an áit
3	na fir	13	na mná
4	an t-oileán	14	an tsráid
5	an siopa	15	na hoifigí
6	na húllaí	16	an phluid
7	an buachaill	17	an tír
8	an bus	18	an bhó
9	an t-aonach	19	na bróga
10	na dochtúirí	20	an Ghaeltacht

5 Insert the word in parentheses into the larger phrase, changing it to the genitive form.

1 (an ubh) Ná bí ag briseadh _____.
2 (an mhí) Bhí siad anseo i lár _____.
3 (cloigeann) Tá tinneas _____ orm.
4 (na páistí) Tá Máire ag dúiseacht _____.
5 (an doras) Tá dath _____ go hálainn.
6 (an t-airgead) An bhfuil tú ag comhaireamh _____?
7 (na coinnle) Tá mé ag lasadh _____.
8 (an múinteoir) Sin é teach _____.
9 (an oifig) Dún doras _____ más é do thoil é.
10 (an tseachtain) Beidh muid ag caitheamh _____ i Londain.

11 (na gasúir) Sin é seomra _____.
12 (an cat) Tá cos _____ briste.
13 (an tsiopadóireacht) Tá mé ag déanamh _____.
14 (an t-im) Tá praghas _____ ró-ard.
15 (an cogadh) Bhí siad i Sasana tar éis _____.
16 (an samhradh) Bhí sí anseo ag tús _____.
17 (an Ghaeilge) Tá siad ag obair ar son _____.
18 (an áit) Tá muintir _____ sásta.
19 (an chathair) Tá sí ina cónaí i lár _____.
20 (an fhírinne) Tá mé ag inseacht _____.

6 Combine a word from List A with a phrase (changed to its genitive form) from List B to make ten meaningful phrases, e.g., **teach an iascaire**.

A	B
teach	t-iascaire
fear	an duine
doras	an baile
siopa	an siopa
dath	Peige
lár	an bhó
praghas	an bia
bóthar	an Ghaeltacht
muintir	an rúnaí
blas	an oíche
obair	an bhanaltra
os comhair	an bainne
carr	an béile
máthair	Máirtín
	na páistí
	na daoine
	an t-uisce

7 Translate the following phrases, using genitive phrases.

1 the fisherman's boat
2 for the sake of the nation
3 making the meals
4 the door of the school
5 learning French
6 winter weather
7 the middle of the day
8 the taste of the meat
9 the light of the moon
10 my friend's car
11 a rainy day
12 after the dinner
13 the priest of the parish
14 the meaning of the words
15 the beginning of the year
16 the people of the Gaeltacht
17 in front of the shop
18 cleaning the house
19 the boy's sister
20 milking the cow

Answers to exercises

1 1 ainm an chailín, ainm an mháistir, ainm an uncail, ainm na haintín, ainm an fhile, ainm an mhadra, ainm an tseanduine, ainm na banaltra. 2 dath na heala, dath an bhus, dath na bó, dath an tsiopa, dath na gloine, dath an chárta, datha an bhríste, dath na farraige. 3 i lár an tseomra, i lár na hoíche, i lár an chluiche, i lár na féile, i lár an bhaile, i lár an tráthnóna, i lár na saoire, i lár an ghairdín. 4 blas an uisce, blas an bhéile, blas an uncail, blas an cháca, blas na sú, blas an tsicín, blas an phionta, blas an bhia. 5 ar son na Gaeilge, ar son na sláinte, ar son na banphrionsa, ar son an Bhéarla, ar son an ainm, ar son an bheatha, ar son na saoirse, ar son na teanga.

2 1 praghas na bpiontaí. 2 súile na gcailíní. 3 na healaí. 4 na farraigí. 5 muintir na siopaí. 6 doirse na n-oifigí. 7 obair na bhfilí. 8 lár na gcluichí. 9 na seachtainí. 10 dath na mballaí. 11 na hiascairí. 12 ainm na n-iascairí. 13 dath na ngeataí. 14 obair na mbanaltraí. 15 deireadh na dtéarmaí. 16 dath na madraí. 17 lár na bhfarraigí. 18 fad na ndréimirí. 19 lár na seachtainí. 20 ainm na bpáistí.

3 1 sagairt. 2 Gaeltachta. 3 boird. 4 fuinneoige. 5 traenach. 6 Sasanaigh. 7 capaill. 8 aintín. 9 cluaise. 10 leapa. 11 ime. 12 duine. 13 ruda. 14 máthar. 15 tí. 16 tae. 17 oifige. 18 aráin. 19 scríbhneora. 20 bliana.

4 1. an chairr. 2 an tí. 3 na bhfear. 4 an oileáin. 5 an tsiopa. 6 na n-úll. 7 an bhuachalla. 8 an bhus. 9 an aonaigh. 10 na ndochtúirí. 11 na cathaoireach. 12 na háite. 13 na mban. 14 na sráide. 15 na n-oifigí. 16 na pluide. 17 na tíre. 18 na bó. 19 na mbróg. 20 na Gaeltachta.

5 1 (an ubh) Ná bí ag briseadh na huibhe. 2 (an mhí) Bhí siad anseo i lár na míosa. 3 (cloigeann) Tá tinneas cloiginn orm. 4 (na páistí) Tá Máire ag dúiseacht na bpáistí. 5 (an doras) Tá dath an dorais go hálainn. 6 (an t-airgead) An bhfuil tú ag comhaireamh an airgid? 7 (na coinnle) Tá mé ag lasadh na gcoinnle. 8 (an múinteoir) Sin é teach an mhúinteora. 9 (an oifig) Dún doras na hoifige más é do thoil é. 10 (an tseachtain) Beimid ag caitheamh na seachtaine i Londain. 11 (na gasúir) Sin é seomra na ngasúr. 12 (an cat) Tá cos an chait briste. 13 (an tsiopadóireacht) Tá mé ag déanamh na siopadóireachta. 14 (an t-im) Tá praghas an ime ró-ard. 15 (an cogadh) Bhí siad i Sasana tar éis an chogaidh. 16 (an samhradh) Bhí sí anseo ag tús an tsamhraidh. 17 (an Ghaeilge) Tá siad ag obair ar son na Gaeilge. 18 (an áit) Tá muintir na háite sásta. 19 (an chathair) Tá sí ina cónaí i lár na cathrach. 20 (an fhírinne) Tá mé ag insint na fírinne.

6 *Sample answers (others possible)*: teach na banaltra, teach na ndaoine, siopa an bhaile, siopa Mháirtín, blas an bhia, blas an bhainne, muintir

an bhaile, muintir Mháirtín, dath na bó, dath an tsiopa, lár na hoíche, lár an tsiopa, lár an bhaile, doras an tsiopa, muintir an iascaire, obair an rúnaí, obair Pheige, obair na banaltra, obair na bpáistí, blas an bhéile, blas an uisce.

7 1 bád an iascaire. 2 ar son an náisiúin. 3 ag déanamh na mbéilí. 4 doras na scoile. 5 ag foghlaim Fraincise. 6 aimsir geimhridh. 7 lár an lae. 8 blas na feola. 9 solas na gealaí. 10 carr mo charad. 11 lá báistí. 12 tar éis an dinnéir. 13 sagart an pharóiste. 14 ciall na bhfocal. 15 tús na bliana. 16 muintir na Gaeltachta. 17 os comhair an tsiopa. 18 ag glanadh an tí. 19 deirfiúr an bhuachalla. 20 ag bleán na bó.

UNIT SEVEN
Personal names

Irish surnames are in some ways quite different from those found in the English-speaking world, and the structure of names in Irish further illustrates the grammar covered in recent units. This unit introduces Irish surnames and the ways they differ from their anglicized forms.

Men's surnames

The Irish patronymic system of assigning surnames after one's father or other ancestor is one of the oldest in Europe, going back 1,000 years. The majority of traditional surnames begin with one of the prefixes **Mac** ('son') or **Ó/Ua** ('descendant', 'grandson'). The given name which follows is in the genitive case; **Mac Néill** is literally 'son of Niall' and **Ó Néill** is 'descendant of Niall'. Some names can be preceded by either **Mac** or **Ó**, while others tend to favor one prefix or the other. Some common patronymic names are given below, with common anglicized versions that may be better known outside Ireland. Some anglicizations omit the prefix; others retain it.

Mac Donncha	McDonagh	**Ó Donncha**	(O')Donahue
Mac Bríde	McBride	**Ó Flaithearta**	(O')Flaherty
Mac Carthaigh	McCarthy	**Ó Conchúir**	O'Connor
MacThiarnáin	McKiernan	**Ó Murchú**	Murphy
Mac Suibhne	(Mc)Sweeney	**Ó Broin**	Byrne
Mac Bhloscaidh	McCloskey	**Ó hEadhra**	O'Hara
Mac Eochaidh	(Mc)Keogh	**Ó Cathasaigh**	(O')Casey

Nowadays, surnames are transmitted from generation to generation unchanged, so Seán Mac Néill's father would not necessarily have been named Niall, but some ancestor probably was.

Other patronymic names refer to the profession or religious affiliation of the ancestor.

Irish	*English*	*Translation*
Mac an Bhaird	Ward	son of the bard (poet)
Mac an tSaoi	McGinty	son of the wise man
Mac Gabhann	McGowan, Smith	son of the blacksmith
Mac Giolla Easpaig	Gillespie	son of the devotee of the bishop

Surnames with **Giolla**, and also those beginning with **Maol**, often refer to followers of particular churchmen or saints:

Mac Giolla Phádraig	Kilpatrick	**Ó Maoil Chiaráin**	Mulkern
Mac Giolla Phóil	Guilfoyle	**Ó Maoil Eoin**	Malone

A very few Irish names have no prefix. Among the best known are

Breatnach	Walsh ('Welshman') or Branagh
Seoighe	Joyce
Caomhánach	Kavanagh

Finally, a number of names brought in by the Normans are French in origin, but they have been thoroughly gaelicized and are now as Irish as any others. Some were gaelicized using the **Mac** prefix, often anglicized as *Fitz-* from the French equivalent *fils*, but others retained the French form *de*, which also refers to lineage.

Mac Gearailt	Fitzgerald	**de Búrca**	Bourke
Mac an Rí	Fitzroy, King	**de Paor**	Power
		de Brún	Browne

All names can be converted to nouns ending in *-ach*. The prefix is dropped, and the definite article is used. The effect is the same as referring to a person by his surname only in English:

an Flaitheartach	Ó Flaithearta, O'Flaherty
an Suibneach	Mac Suibhne, Sweeney
an Seoigheach	Seoighe, Joyce
an Búrcach	de Búrca, Bourke

Women's surnames

Women, of course, are not sons or grandsons of anyone. Accordingly, traditional versions of their names do not include the prefixes **Mac** or **Ó**. Instead, they use a feminine form, **Nic** or **Ní**, derived from the phrases **Iníon**

Mhic and **Iníon Uí** 'daughter of Mac/Ó'. The feminine prefixes cause lenition of the name that follows, but unlike the prefix **Ó**, **Ní** does not prefix *h* to vowels. Here are the female versions of the names given above:

Nic Dhonncha	McDonagh	**Ní Dhonncha**	(O')Donahue
Nic Bhríde	McBride	**Ní Fhlaithearta**	O' Flaherty
Nic Carthaigh	McCarthy	**Ní Chonchúir**	O'Connor
Nic Thiarnáin	(Mc)Kiernan	**Ní Mhurchú**	Murphy
Nic Shuibhne	(Mc)Sweeney	**Ní Bhroin**	Brennan
Nic Bhloscaidh	McCloskey	**Ní Eadhra**	O'Hara
Nic Eochaidh	(Mc) Keogh	**Ní Chathasaigh**	(O')Casey

Names without prefixes are also lenited when used by women, but the Norman names beginning with *de* do not change; they are identical for men and women.

Bhreatnach	Walsh
Sheoighe	Joyce
Chaomhánach	Kavanagh

Traditionally, women did not change their names upon marriage. In recent times, under English influence, some women have taken their husbands' names, in which case the titles **Bean Mhic** and **Bean Uí** ('Wife of Mac/Ó') are used. **Bean** is sometimes dropped.

Aíne (Bean) Mhic Dhonncha	Mrs. Áine MacDonagh
Bríd (Bean) Uí Mhurchú	Mrs. Bríd Murphy
Máire (Bean) de Brún	Mrs. Máire Browne

Local names

Since names in Ireland tend to be associated with particular regions, it's common to find several families with the same name in a single community. And since the same traditional given names tend to be favored in family after family (at least until quite recently), it's quite likely that more than one person with exactly the same name might live in a small Gaeltacht community. This is rarely a problem, however, because most people in such communities are known locally, not by their official surnames, but by a local community nickname, or **leasainm**, based on their father's (or another relative's) given name, or on a particular personal characteristic. Suppose that one family named **Ó Conaire** has offspring named **Pádraig**, **Bríd**, **Séamas**, and **Liam**, while another **Ó Conaire** family includes **Seán**, **Pádraig**,

Máire, and **Bríd** (two **Pádraig Ó Conaires** and two **Bríd Ní Chonaires**). Locally, each group would be known by a different **leasainm**. Say the father of the first group is named **Séamas**, and the father of the second group is **Colm**. Then the next generation might be known locally as follows:

Children of **Séamas Ó Conaire**	Children of **Colm Ó Conaire**
Pádraig Shéamais	**Pádraig Choilm**
Bríd Shéamais	**Bríd Choilm**
Séamas Shéamais	**Máire Choilm**
Liam Shéamais	**Seán Choilm**

The father's name is in the genitive form and lenited after all first names, male or female. Some local names may go back two generations, so one also finds names such as **Nan Phádraig Choilmín** and **Cóilín Phádraig Choilmín**, real siblings whose father was **Pádraig Choilmín**. The formal surname **Ó Conghaile** (**Ní Chonghaile**) would be rarely used in the community. **Cóilín**'s children are known locally as **Pádraig Chóilín**, **Áine Chóilín**, etc., while **Nan**'s (their cousins) are known by a name taken from their father's side of the family: **Pádraig Sheáinín**, **Áine Sheáinín**, etc. So even where names are duplicated within a family, the identities of households are distinguished.

Another relative's name is sometimes used, especially if that relative had an important role in the family's upbringing. It may be a mother, aunt or uncle, or grandparent. Thus, women's names might appear in the **leasainm** for particular families; if, for example, they were raised primarily by a widowed mother named **Máirín**, a family might be known as **Bríd Mháirín**, **Pádraig Mháirín**, etc.

Finally, some individuals have local names based on a particular characteristic – physical, professional, or geographical. The following are examples:

Liam an Phoist	Liam the post(man)
Colm an Garda	Colm the policeman
Paddy an Veain	Paddy the van (driver)
Colm Dubh	Black-haired Colm
Máire Chatach	Curly-haired Máire
Pádraig Rath Cairn	Pádraig from Rath Cairn

Outside the local setting, both surname and local name may be used, as in the case of **Seán Bán Breathnach**, a well-known media personality, but locally, the official surname is normally restricted to use in official contexts, rather than everyday usage.

Vocative case

A vocative case survives in some names and is used when addressing people directly (as opposed to referring to them as a third person). All names are introduced by the particle **a**, and the first consonant is lenited:

a Sheáin!	Seán!
a Bhríd!	Bríd!

The names with distinct vocative forms are mainly men's names ending in a broad consonant (first declension), which becomes slender in the vocative form, as **Sheáin** above. Other examples:

Common	*Vocative*
Séamas	**a Shéamais**
Tomás	**a Thomáis**
Peadar	**a Pheadair**
Dónall	**a Dhónaill**
Mícheál	**a Mhíchíl**

Note the vowel change in the last example. Women's names and men's names that don't end in a broad consonant (e.g., **Éanna**, **Diarmaid**, **Pádraig**) do not change in the vocative case, apart from **a** and lenition of appropriate consonants. Occasionally, common nouns (non-names) are used for direct address (e.g., child, son, friends, etc.); in these instances the singular form of the vocative is generally identical to the genitive case for first-declension nouns; in other declensions it is identical to the common case.

First-declension nouns with slender plurals take **-a** in the vocative plural. Other plurals aren't distinct in the vocative:

A fheara!	Men!
A chailíní!	Girls!

Exercises

1   The following are gaelicized versions of the names of some famous individuals. Can you anglicize the names to their better-known forms?

   1   Séamas Seoighe
   2   Tomás de Crúis
   3   Dizzy Mac Giolla Easpaig
   4   Máirín Ní Eadhra

    5 Piaras Ó Brosnacháin
    6 Seán Mac Gearailt Ó Cinnéide
    7 Coinneach Breatnach
    8 Dónall Ó Conaill
    9 Sinéad Ní Chonchúir
   10 Séamas Ó hÉanaí

2 Suppose each of the individuals listed in Exercise 1 had a sibling of the opposite sex named Máire (or Seán for brothers of the women on the list). What would the sibling's full name be in its Irish version?

3 Give the feminine versions of the men's surnames below, and the masculine versions of the women's surnames.

    1 Ó hEochaidh
    2 Ní Bhaoill
    3 Nic Giolla Chríost
    4 Mac Grianna
    5 Ó Cathasaigh
    6 Ní Uallacháin
    7 Ó Gallchóir
    8 de Faoite
    9 Bairéad
   10 Bean Uí Shúilleabháin

4 A family tree is given below for Máirtín Ó Briain and his wife Peige. Answer the questions about the family member's name or nickname (**leasainm**) as requested.

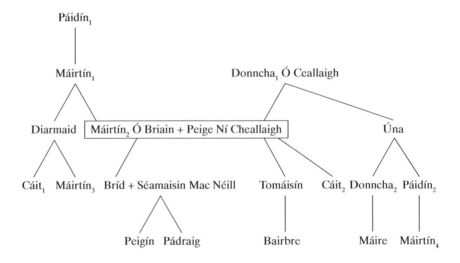

For each individual listed, provide the formal name and surname.

1 Máirtín$_2$'s father _____

2 Diarmaid's son _____

3 Máirtín$_2$'s daughter (1) _____

4 Mairtín$_2$'s daughter (2) _____

5 Bríd's uncle _____

6 Peigín's uncle _____

7 Tomáisín's daughter _____

8 Bríd's son _____

9 Bairbre's father _____

10 Peigín's mother _____

5 Based on the family tree in Exercise 4, what nickname would each of the following be known by locally? Assume that the **leasainm** is based on the father's name, unless the father is not listed, in which case use the mother's name, or the nearest relative's.

1 Máirtín$_2$'s father _____

2 Diarmaid's son _____

3 Páidín's son _____

4 Donncha$_1$'s grandsons (2) _____

5 Donncha$_1$'s grandsons (2) _____

6 Pádraig's uncle _____

7 Cáit$_1$_____

8 Cáit$_2$_____

9 Cáit$_2$'s mother _____

10 Máirtín$_4$_____

11 Bairbre's first cousin (1) _____

12 Bairbre's first cousin (2) _____

13 Peigín's mother _____

14 Tomáisín's aunt _____

15 Peige Ní Cheallaigh _____

6 Put each of the following words or phrases in the vocative case.

1	daoine uaisle	11	amadán
2	Mícheál	12	dochtúir
3	cailín	13	diabhal
4	Maime	14	Brian
5	Bríd	15	buachaillí
6	bean an tí	16	Peadar
7	cairde	17	fir óga
8	Séamas	18	Dia
9	créatúir	19	Diarmaid
10	Caitríona	20	mac

Answers to exercises

1   1 James Joyce. 2 Tom Cruise. 3 Dizzy Gillespie. 4 Maureen O'Hara.
5 Pierce Brosnan. 6 John Fitzgerald Kennedy. 7 Kenneth Branagh.
8 Daniel O'Connell. 9 Sinéad O'Connor. 10 Séamus Heaney.

2   1 Máire Sheoighe. 2 Máire de Crúis. 3 Máire Nic Giolla Easpaig. 4 Seán
Ó hEadhra. 5 Máire Ní Bhrosnacháin. 6 Máire (Nic Ghearailt) Ní
Chinnéide. 7 Máire Bhreatnach. 8 Máire Ní Chonaill. 9 Seán Ó Conchúir.
10 Máire Ní Éanaí.

3   1 Ní Eochaidh. 2 Ó Baoill. 3 Mac Giolla Chríost. 4 Nic Grianna (lenition
blocked for consonant in same part of the mouth as preceding *c*). 5 Ní
Chathasaigh. 6 Ó hUallacháin. 7 Ní Ghallchóir. 8 de Faoite. 9 Bhairéad.
10 Ó Súilleabháin.

4   1 Máirtín$_2$'s father: Máirtín Ó Briain. 2 Diarmaid's son: Máirtín Ó Briain.
3 Máirtín$_2$'s daughters : Bríd Ní Bhriain. 4 Cáit Ní Bhriain. 5 Bríd's uncle:
Diarmaid Ó Briain. 6 Peigín's uncle: Tomáisín Ó Briain. 7 Tomáisín's
daughter: Bairbre Ní Bhriain. 8 Bríd's son: Pádraig Mac Néill. 9 Bairbre's
father: Tomáisín Ó Briain. 10 Peigín's mother: Bríd Ní Bhriain (Bríd Bean
Mhic Néill).

5   1 Máirtín$_2$'s father: Máirtín Pháidín. 2 Diarmaid's son: Máirtín
Dhiarmada. 3 Páidín's son: Máirtín Pháidín. 4 Donncha$_1$'s grandsons:
Séamaisín Mháirtín and Tomáisín Mhairtín. 5. Donncha Úna and Páidín
Úna. 6 Pádraig's uncle: Tomáisín Mháirtín. 7 Cáit$_1$: Cáit Dhiarmada. 8
Cáit$_2$. Cáit Mháirtín. 9 Cáit$_2$'s mother: Peige Dhonncha. 10 Máirtín$_4$:
Máirtín Pháidín. 11 Bairbre's first cousins: Pádraig Shéamaisín. 12 Peigín
Shéamaisín. 13 Peigín's mother : Bríd Mháirtín. 14 Tomáisín's aunt: Úna
Dhonncha. 15 Peige Ní Cheallaigh: Peige Dhonncha.

6   1 a dhaoine uaisle. 2 a Mhíchíl. 3 a chailín. 4 a Mhaime. 5 a Bhríd. 6 a
bhean an tí. 7 a chairde. 8 a Shéamais. 9 a chréatúir. 10 a Chaitríona.
11 a amadáin. 12 a dhochtúir. 13 a dhiabhail. 14 a Bhriain. 15 a bhuachaillí.
16 a Pheadair. 17 a fheara óga. 18 a Dhia. 19 a Dhiarmaid. 20 a mhac
(Connemara), a mhic (elsewhere).

UNIT EIGHT
Place-names

Like personal names, Irish place-names typically come in both Irish and English versions. Most English versions of place-names rely on transliteration (anglicizing the pronunciation and respelling it, ignoring the meaning of the name).

Traditional Irish place-names are typically composed of phrases that include a term referring to some geographical feature (a hill, valley, lake, etc.) or architectural structure of note in the region (church, castle, fort), followed by a descriptive term or name. The repeated use of certain geographical terms gives Irish place-names their characteristic flavour.

Baile 'town(land)', 'village' is one of the most common initial terms. It combines with various other words:

Adjectives	**An Baile Glas**	Ballyglass (lit. green village)
Names	**Baile an Fheirtéaraigh**	Ballyferriter (lit. Ferriter's town)
Other nouns	**Baile an Tobair**	Ballintober (lit. town of the well)

A second noun in such cases is in the genitive case (see Unit 6). It may be further modified, leading to still longer names, including most famously the Irish name of Dublin: **Baile Átha Cliath** 'the town of the ford of the hurdles'.

Two other extremely common components of place-names are **cill** 'churchyard' and **áth** 'ford':

Cill Íseal	Killeeshill (lit. low churchyard)
Cill Bhríde	Kilbride (lit. Bridget's churchyard)
Cill an Mhuilinn	Killavullen (lit. churchyard of the mill)
Áth Dara	Adare (lit. oak ford)
Áth na mBó	Annamoe (lit. ford of the cow)

Two geographical elements may combine with each other:

Baile Átha Buí	Athboy (lit. town of the yellow ford)
Béal an Átha	Ballina (lit. mouth of the ford)
Droichead Átha	Drogheda (lit. bridge of the ford)

Not every place-name has multiple words. Single-word names occur either with or without the article **an**:

Luimneach	Limerick
Gaillimh	Galway
An Cnoc	Knock
An Daingean	Dingle

As a result of recent legislation, place-names in Gaeltacht areas are presented on maps and road signs only in their Irish forms. This policy has been the source of some controversy, however, and the English versions of place-names are still known and used, sometimes even by Irish speakers.

Irish and English

English versions of the names above are based on transliteration, the commonest form of anglicization. Although all the Irish names have meanings, they are not transparent in the transliterations. Other names are translated directly into English, preserving their meanings. Some examples follow:

Áth Cinn	Headford
Áth an Mhuilinn	Milford
Baile an Droichid	Bridgetown
An Charraig Dhubh	Blackrock

Still others rely on a combination of transliteration and translation:

Baile an Chaisleáin	Ballycastle (**caisleán** 'castle')
Áth an Staing	Stoneyford
Contae na hIarmhí	County Westmeath (**Iar** 'west')
Áth na Sráide	Stratford

For some place-names, the Irish and English versions seem to bear no relation to each other. **Baile Átha Cliath** 'Dublin' is one example. Others include:

Port Láirge	Waterford
Loch Garman	Wexford
Cill Mhantáin	Wicklow
Neidín	Kenmare
Cathair na Mart	Westport
Cluain Charbháin	Louisburgh
An Teach Dóite	Maam Cross

Finally, a few place-names are found only in their Irish version and are not anglicized at all:

| **Port Laoise** | Port Laoise |
| **Dún Laoghaire** | Dun Laoghaire |

Talking about place-names

In sentences, place-names most often occur following prepositions such as 'in', 'at', 'to', 'from', etc., which may require initial mutation of the following noun, sometimes different mutations depending on whether or not the name begins with **an**.

In 'in' is perhaps the most common preposition found with place-names. The *n* drops out before a following consonant, which undergoes eclipsis:

in Éirinn	in Ireland
in Áth Cinn	in Headford
i mBaile Átha Cliath	in Dublin
i nGaillimh	in Galway
i gCiarraí	in Kerry
i nDroichead Átha	in Drogheda
i Sasana	in England

When **in** precedes **an**, the two words merge as the form **sa**. This causes eclipsis in Connemara Irish and lenition in other dialects and applies in place-names as well as other phrases.

| **sa mBaile Glas/sa Bhaile Glas** | in Ballyglass |
| **sa gCarraig Dhubh/sa Charraig Dhubh** | in Blackrock |

To say where a person is from, **as** 'from, out of' is used. **As** does not mutate a following consonant, but does cause eclipsis of words after **an**:

as Baile Átha Cliath	from Dublin
as Cill Bríde	from Kilbride
as an gCeathrú Rua	from Carraroe

Motion toward a place is indicated by the compound preposition **go dtí** 'to, towards,' or **go** 'to, till.' If the place-name begins with **an**, the compound form is required. These do not affect initial consonants, but **go** prefixes *h* to vowels:

go dtí an Cnoc	to Knock
go dtí Gaillimh	to Galway
go Gaillimh	to Galway
go Droichead Átha	to Drogheda
go dtí Áth na Sráide	to Stratford
go hÁth na Sráide	to Stratford

Counties and provinces

Ireland is divided geographically into four provinces and thirty-two counties (twenty-six in the Republic and six in Northern Ireland). The provinces and those counties containing Gaeltachtaí are given below.

Na Cúigí	*The Provinces*
Cúige Chonnacht	Connacht
Cúige Laighean	Leinster
Cúige Mumhan	Munster
Cúige Uladh	Ulster

Contaetha	*Counties*
Ciarraí	Kerry
Corcaigh	Cork
Dún na nGall	Donegal
Gaillimh	Galway
an Mhí	Meath
Maigh Eo	Mayo
Port Láirge	Waterford

Exercises

1 Anglicize the following place-names (most are well-known town or county names).

1	Cill Dara	6	Dún na nGall
2	Corcaigh	7	Cill Áirne
3	Maigh Eo	8	Trá Lí
4	Baile Átha Luain	9	Caiseal
5	an Clár	10	Ciarraí

2 Match the Irish and English names.

Ballynahowen	Béal Átha na Slua
Belfast	Caisleán Cnucha
Dundalk	Lios Dún Bhearna
Ballyhaunis	Gleann Cholm Cille
Listowel	Béal Átha hAmhnais
Maynooth	Maigh Cuilinn
Glencolumkille	Baile na hAbhann
Lisdoonvarna	Cluain Meala
Moycullen	Cill Dealga
Ballinasloe	Lios Tuathail
Kildalkey	Béal Feirste
Castleknock	Dún Dealgan
Clonmel	Dún Chaoin
Inishowen	Magh Nuad
Dunquin	Inis Eoghain

3 For each of the following place-names, write the prepositions **in**, **as**, and **go** before the name, making appropriate mutations.

1	Uachtar Ard	6	Tiobraid Árann
2	Fear Manach	7	Gaoth Dobhair
3	Cill Chainnigh	8	Sligeach
4	Béal Feirste	9	Droichead Átha
5	Port Laoise	10	an Cnoc

Answers to exercises

1 1 Kildare. 2 Cork. 3 Mayo. 4 Athlone. 5 Clare. 6 Donegal. 7 Killarney. 8 Tralee. 9 Cashel. 10 Kerry.

2 Ballynahowen, Baile na hAbhann; Belfast, Béal Feirste; Dundalk, Dún Dealgan; Ballyhaunis, Béal Átha hAmhnais; Listowel, Lios Tuathail; Maynooth, Maigh Nuad; Glencolumbkille, Gleann Cholm Cille; Lisdoonvarna, Lios Dún Bhearna; Moycullen, Maigh Cuilinn; Ballinasloe, Béal Átha na Slua; Kildalkey, Cill Dealga; Castleknock, Caisleán Cnucha; Clonmel, Cluain Meala; Inishowen, Inis Eoghain; Dunquin, Dún Chaoin.

3 1 in Uachtar Ard, as Uachtar Ard, go hUachtar Ard. 2 i bhFear Manach, as Fear Manach, go Fear Manach. 3 i gCill Chainnigh, as Cill Chainnigh, go Cill Chainnigh. 4 i mBéal Feirste, as Béal Feirste, go Béal Feirste. 5 i bPort Laoise, as Port Laoise, go Port Laoise. 6 i dTiobraid Árann, as Tiobraid Árann, go Tiobraid Árann. 7 i nGaoth Dobhair, as Gaoth

Dobhair, go Gaoth Dobhair. 8 i Sligeach, as Sligeach, go Sligeach. 9 i nDroichead Átha, as Droichead Átha, go Droichead Átha. 10 sa gCnoc/sa Chnoc, as an gCnoc, go dtí an Cnoc.

UNIT NINE
Prepositions I

Prepositions are the (typically) small words that precede a noun and signal a relationship between it and something else in the sentence. The relationship may be one of physical location or direction ('on', 'under', 'near', 'by', 'from') or something more abstract (e.g., 'of', 'about', 'with'). Idiomatic uses of prepositions are common, and rarely match from one language to the next, making them a particular challenge for learners. In English we say 'listen to' someone, but in Irish, it's **éisteacht le**, 'listen with'.

Irish has the additional complication of special pronominal endings on prepositions, known as *prepositional pronouns*; a pronoun object (e.g., 'with him', 'on it', 'by us', etc.) is suffixed to the preposition in ways that are only partly predictable. This unit introduces several Irish prepositions with their pronoun forms, along with some idioms involving prepositions.

Prepositions and nouns

Each preposition may trigger a mutation on a following noun. What mutation a noun undergoes, if any, depends on the specific preposition, whether or not the noun is accompanied by **an**, and what regional variety is being spoken. Seven common prepositions will be discussed in this unit. They are, with their primary meanings: **ag** 'at', **ar** 'on', **le** 'with', **in** 'in', **do** 'to, for', **de** 'of, from', and **faoi** 'under, about'.

When followed directly by a noun (without an article), each preposition requires a particular mutation on the noun that follows it. **Ag** 'at' and **le** 'with' do not cause any mutation of consonants, but **le** prefixes *h* to a word beginning with a vowel:

ag doras an tí	at the door of the house
ag Áras an Uachtaráin	at the President's mansion
le Brian	with Brian
le hAoife	with Aoife

Only one preposition, **i** 'in', causes eclipsis of a following noun, as discussed in Unit 8. Before vowels it appears as **in**.

i gCorcaigh	in Cork
i Sasana	in England
in Éirinn	in Ireland
in Albain	in Scotland
in Áras an Uachtaráin	in the President's mansion

The remaining prepositions lenite the first consonant of a noun following them and have no effect on vowels. Before a vowel or *fh*, **do** and **de** contract to **d'**.

ar bhord	on a table
faoi bhord	under a table
do Mháire	to Máire
de Shéamas	of/from Séamas
ar eitleán	on an airplane
faoi Aoife	about Aoife
d' Éamonn	to Éamonn
d' Éamonn	of Éamonn

In some fixed idiomatic phrases, lenition is omitted. Compare the first example above to **ar bord** 'aboard (a ship)'. Other examples include:

ar fáil	available
ar buile	angry
ar meisce	drunk
ar ball	in a while, a while ago

Prepositions and articles

When the noun following the preposition has an article with it, mutation patterns change, and the preposition itself may also change. The preposition + article combination sometimes forms contractions, as shown below.

No contraction	**ag an doras**	at the door
	ar an turas	on the trip
Le + an = leis an	**leis an scian**	with the knife
Le + na = leis na	**leis na páistí**	with the children
Faoi + an = faoin	**faoin talamh**	under (the) ground
Faoi + na = faoina	**faoi na scéalta**	about the stories
De + an = den	**den duine**	from the person

Do + an = don	don duine	to the person
In + an = sa	sa tír	in the country
In + na = sna	sna seomraí	in the rooms

Dialects vary in the mutations found after preposition + article. Ulster dialects have the simplest system: all singular nouns are lenited after any combination of preposition + article. In Connacht, only **don** and **den** cause lenition, and all other combinations are followed by eclipsis. In Munster, and in the Official Standard, **don**, **den**, and **sa** lenite and the rest eclipse. (As noted before, *t, d, s* are unaffected after **an**.) Consonants do not mutate in the plural, and vowels never change.

Ulster	*Connacht*	*Munster*	
ar an bhord	**ar an mbord**	**ar an mbord**	on the table
faoin bhord	**faoin mbord**	**faoin mbord**	under the table
sa bhosca	**sa mbosca**	**sa bhosca**	in the box
don bhuachaill	**don bhuachaill**	**don bhuachaill**	to the boy
den bhuachaill	**den bhuachaill**	**den bhuachaill**	from the boy

Note that any mutation caused by the article alone is replaced by those noted above when the article + noun follows a preposition. For example, lenition of a feminine noun after **an**, as in **an bhean** 'the woman', is not retained in eclipsing prepositional phrases: **leis an mbean**. However, when **na** prefixes *h* to a vowel, this is retained in prepositional phrases.

ar na hoileáin	on the islands

Likewise, prepositions do not alter the effect of the article on nouns beginning with *s*; feminine nouns retain the *t* prefix, and masculine nouns don't change.

| **an sagart** | **leis an sagart** | with the priest |
| **an tsráid** | **ar an tsráid** | on the street |

Verb + preposition structures

Verbs frequently combine with prepositions in fixed ways to convey particular meanings. In English, one can ask something *of* someone, ask *for* something, ask *about* something, and so on. We *listen to* things, but we *look at* them. In other languages, including Irish, the preposition that conveys a certain meaning may be different from that in English. One cannot count on the basic meanings given above, or on the English translations, to determine which preposition goes with any given verb. The list below gives a number of common verb + preposition combinations. The English translation may use a different preposition, or none at all.

éist le	listen to	**breathnaigh (féach) ar**	look at
fan le	wait for	**cuimhnigh ar**	remember
aontaigh le	agree with	**iarr ar**	ask (a favor) of
cuidigh le	help	**fiafraigh de**	ask (a question) of
labhair le	speak to/with	**inis do**	tell to
caint le	talk to/with	**lig do**	allow, permit
caint faoi	talk about	**maith do**	forgive

In other cases, a verb and preposition combine to give a meaning that is different from that of either part. Some examples follow.

buail le	meet (**buail** = beat, hit)
buail faoi	set about, undertake
éirigh as	give up, quit (**éirigh** = rise)
éirigh le	be successful
cuir le	add to, increase (**cuir** = put)
déan ar	head for (**déan** = make)
tabhair faoi	attempt (**tabhair** = give)

In the case of **éirí le**, the person who succeeds is the object of **le**; there is usually no noun in the subject slot, or the subject is the thing at which the person succeeds:

D'éirigh le Máirtín sa chomórtas.	Máirtín was successful in the competition.
Go n-éirí an bóthar leat.	May you succeed on the road. (Bon voyage.)

A similar complexity is found with the verb **taitin** 'shine', plus **le**, to express the meaning 'to like'. The thing liked is the subject of the verb, and the "liker" is in the phrase with **le**. The literal meaning is 'X pleases Y', but the usual translation is 'Y likes X'.

Thaitin an ceol liom.	I liked the music.
Thaitin tú le Séamas.	Séamas liked you.

Similarly **teastaigh X ó Y** (literally 'X be lacking from Y') means 'Y needs/wants X'.

Teastaíonn airgead ó Úna.	Una needs money.

Two of the above prepositions, **ar** and **faoi**, combine with the verb 'to be' to form useful idioms with verbal noun expressions following (see Unit 20). Again, the English subject is the object of the Irish preposition:

tá ar	must, has to
tá faoi	intends to, plans to

Tá ar Shéamas obair anocht.	Séamas has to work tonight.
Tá faoi Mháirín dul go Sasana.	Máirín intends to go to England.

Tá ar is also used to indicate something is the matter with the person named as object of **ar**. This usage usually takes the form of a question, but not always:

Céard atá ort?	What's the matter with you?
Tá rud éigin air inniu.	Something is bothering him today.

Prepositional pronouns

Many prepositions, including those presented in this unit, have special combination forms that incorporate a pronoun object. These may change the form of the preposition itself when a pronoun ending is added, and the endings are also only partly predictable. In this unit, we provide the pronoun forms for three of the prepositions introduced above, **ag**, **ar**, and **le**.

		ag	ar	le
Singular				
1	me	**agam**	**orm**	**liom**
2	you	**agat**	**ort**	**leat**
3	him/it	**aige**	**air**	**leis**
	her/it	**aici**	**uirthi**	**léi**
Plural				
4	us	**againn**	**orainn**	**linn**
5	you	**agaibh**	**oraibh**	**libh**
6	them	**acu**	**orthu**	**leo**

Some patterning in these forms can help in learning and remembering them. First- and second-person forms ('me', 'you', 'us') all consistently have the same endings for each preposition, endings which conveniently recall the pronouns **mé**, **tú**, **sinn**, **sibh**; only the third-person forms don't resemble independent pronouns and are less predictable in form.

Exercises

1 Place the nouns below after each of the prepositions **ag**, **ar**, **de**, **do**, **faoi**, **in**, **le**, making the appropriate mutation where necessary.

   1 teach an phobail
   2 Peige
   3 Uncail Seán
   4 muintir Chonamara
   5 Diarmaid
   6 bean an tí
   7 oifig an phoist
   8 Contae Chill Dara
   9 Féile na Mí
   10 gasúir mo charad

2 Fill in the blank in each sentence below with any phrase from the list that makes sense; make appropriate changes to the form of the preposition, as well as whatever mutation is required for the noun.

   an ceol, an cailín, an múinteoir, an bord, an bosca, na gasúir, an leaba, an chathaoir, an bhanaltra, an teach sin, an t-ospidéal, an leabhar, an fear, an baile mór, na crainn, an scoil, na daoine úd, an dochtúir, an Ghaeltacht

   1 Tabhair an leabhar do _____.
   2 Tá an leabhar ar _____.
   3 Ar chuala tú an scéal faoi _____.
   4 Tá sí ina cónaí in _____.
   5 Tá leabhar nua ag _____.
   6 Tá mé ag éisteacht le _____.
   7 Cuir i dtaisce é in _____.
   8 Céard a tharla do _____.
   9 Tháinig mé in éineacht le _____.
   10 Bhí sé ag _____.

3 Complete each sentence with the appropriate preposition in its correct form for the context.

   1 Bhuail mé _____ mo chara inné.
   2 Tá Caitlín ag breathnú _____ an teilifís.
   3 Bhíomar ag caint _____an múinteoir _____ gceist.
   4 Fiafraigh _____ Mháire cá bhfuil an nuachtán.
   5 Thit an leabhar _____ bhord; tá sé _____ an urlár anois.

6 Thug mé bronntanas _____ m'aintín.
7 Tá cuid _____ na gasúir tinn.
8 Tá duine éigin _____ an doras; cloisim an cloigín.
9 Tá mé ag fanacht _____ mo chairde.
10 Ar mhaith leat éisteacht _____ an gceol sin?

4 Combine the preposition and pronoun in parentheses into a prepositional pronoun form.

1 Is maith le Peige feoil ach is fearr (le + í) _____ iasc.
2 An bhfuil a fhios (ag + sibh) _____ an freagra?
3 Déan deifir; tá siad ag fanacht _____ (le + muid).
4 Ní aontaíonn duine ar bith _____ (le + é)
5 An bhfuil tú ag éisteacht (le + iad) _____ sin?
6 Tá an cailín ciúin, mar níl a fhios (ag + í) _____ an freagra.
7 Is cuma (le + mé) _____ cá bhfuil sé.
8 Cuir (ar + tú) _____ do chóta!
9 Tá Bríd sásta (le + sibh) _____.
10 Bhí léine dheas (ar + í) _____ inné.

5 Fill in the correct preposition in the pronoun form which refers to the underlined noun.

1 Tuigeann Seán an cheist, ach níl a fhios _____ an freagra.
2 Tá na pictiúir seo go hálainn; an bhfuil tú ag iarraidh breathnú _____?
3 Nuair a bhí mé in Éirinn, chuidigh siad _____.
4 Chuir mé ceist ar na daoine sin ach ní raibh a fhios _____.
5 Tá a fhios ag an múinteoir nach bhfuil na daltaí ag éisteacht _____
6 Tá _____ dul a chodladh anois, mar beidh mé ag éirí go moch ar maidin.
7 Tá an clár sin go maith; is fiú breathnú _____.
8 Nuair a bhí muid anseo cheana, bhí na daoine úd ag caint _____.
9 Deir Peige go bhfuil _____ imeacht anois.
10 Bhí tú deireanach aréir; bhí 'chuile dhuine ag fanacht _____.

6 Answer the questions using an appropriate prepositional pronoun form.

1 An bhfuil páistí ag Bríd agus Máirtín?
2 An raibh tú ag éisteacht leis an gceol sin?

    3 An mbeidh tú ag cuidiú linn?
    4 Ar chuala tú caint ar na ceoltóirí sin?
    5 An bhfuil eolas agat ar an áit seo?
    6 An labhróidh sibh Fraincis le daoine as Quebec?
    7 Nach bhfuil an ceart agam?
    8 Ar bhuail tú le Peadar?
    9 Céard atá ar an gcathaoir?
10 Céard atá taobh leis an oifig?

Answers to exercises

1 1 ag teach an phobail, ar theach an phobail, de theach an phobail, do theach an phobail, faoi theach an phobail, i dteach an phobail, le teach an phobail. 2 ag Peige, ar Pheige, de Pheige, do Pheige, faoi Pheige, i bPeige, le Peige. 3 ag Uncail Seán, ar Uncail Seán, d'Uncail Seán, d'Uncail Seán, faoi Uncail Seán, in Uncail Seán, le hUncail Seán. 4 ag muintir Chonamara, ar mhuintir Chonamara, de mhuintir Chonamara, do mhuintir Chonamara, faoi mhuintir Chonamara, i muintir Chonamara, le muintir Chonamara. 5 ag Diarmaid, ar Dhiarmaid, de Dhiarmaid, do Dhiarmaid, faoi Dhiarmaid, i nDiarmaid, le Diarmaid. 6 ag bean an tí, ar bhean an tí, de bhean an tí, do bhean an tí, faoi bhean an tí, i mbean an tí, le bean an tí. 7 ag oifig an phoist, ar oifig an phoist, d'oifig an phoist, d'oifig an phoist, faoi oifig an phoist, in oifig an phoist, le hoifig an phoist. 8 ag Contae Chill Dara, ar Chontae Chill Dara, de Chontae Chill Dara, do Chontae Chill Dara, faoi Chontae Chill Dara, i gContae Chill Dara, le Contae Chill Dara. 9 ag Féile na Mí, ar Fhéile na Mí, d'Fhéile na Mí, d'Fhéile na Mí, faoi Fhéile na Mí, i bhFéile na Mí, le Féile na Mí. 10 ag gasúir mo charad, ar ghasúir mo charad, de ghasúir mo charad, do ghasúir mo charad, faoi ghasúir mo charad, i ngasúir mo charad, le gasúir mo charad.

2 1 Tabhair an leabhar don chailín/don mhúinteoir/do na gasúir/don bhanaltra/don fhear/do na daoine úd/don dochtúir. 2 Tá an leabhar ar an mbord/ar an mbosca/ar an leaba/ar an gcathaoir/ar an leabhar (eile). 3 Ar chuala tú an scéal faoin gceol/faoin gcailín/faoin múinteoir/faoi na gasúir/faoin mbanaltra/faoin teach sin/faoin ospidéal/faoin leabhar/faoin bhfear/faoin mbaile mór/faoin scoil/faoi na daoine úd/faoin dochtúir/faoin nGaeltacht OR ... faoin cheol/faoin chailín/faoin mhúinteoir/faoin bhanaltra, etc. 4 Tá sí ina cónaí sa teach sin/san ospidéal/sa mbaile mór OR sa bhaile mór/sa scoil/sa nGaeltacht OR sa Ghaeltacht. 5 Tá leabhar nua ag an gcailín/ag an múinteoir/ag na gasúir/ag an mbanaltra/ag an bhfear/ag na daoine úd/ag an dochtúir OR ... ag an chailín/ag an mhúinteoir/ag na gasúir/ ag an bhanaltra, etc. 6 Tá mé ag éisteacht leis

an gceol/leis an gcailín/leis an múinteoir/leis na gasúir/leis an mbanaltra/
leis an bhfear/leis na daoine úd/leis an dochtúir. 7 Cuir i dtaisce é sa
mbosca/sa teach sin/san ospidéal/sa leabhar/sa scoil OR sa bhosca/sa
teach sin, etc. 8 Céard a tharla don cheol/don chailín/don mhúinteoir/don
bhord/don bhosca/do na gasúir/don leaba/don chathaoir/don bhanaltra/
don teach sin/don ospidéal/don leabhar/don fhear/don bhaile mór/do na
crainn/don scoil/do na daoine úd/don dochtúir/don Ghaeltacht? 9 Tháinig
mé in éineacht leis an gcailín/leis an múinteoir/leis na gasúir/leis an
mbanaltra/leis an bhfear/leis na daoine úd/leis an dochtúir OR . . . leis an
chailín/leis an mhúinteoir/leis na gasúir/leis an bhanalra, etc. 10 Bhí sé
ag an gcailín/ag an múinteoir/ag an mbord/ag na gasúir/ag an mbanaltra/
ag an teach sin/ag an ospidéal/ag an bhfear/ag an mbaile mór/ag na
crainn/ag an scoil/ag na daoine úd/ag an dochtúir OR . . . ag an chailín/ag
an mhúinteoir, etc.

3 1 Bhuail mé **le** mo chara inné. 2 Tá Caitlín ag breathnú **ar** an teilifís.
3 Bhíomar ag caint **leis** an múinteoir **faoin** gceist. 4 Fiafraigh **de** Mháire
cá bhfuil an nuachtán. 5 Thit an leabhar **den** bhord; tá sé **ar** an urlár anois.
6 Thug mé bronntanas **do** m'aintín. 7 Tá cuid **de** na gasúir tinn. 8 Tá
duine éigin **ag** an doras; cloisim an cloigín. 9 Tá mé ag fanacht **le** mo
chairde. 10 Ar mhaith leat éisteacht **leis** an gceol sin?

4 1 Taithníonn feoil le Peige ach is fearr léi iasc. 2 An bhfuil a fhios agaibh
an freagra? 3 Déan deifir; tá siad ag fanacht linn. 4 Ní aontaíonn duine
ar bith leis. 5 An bhfuil tú ag éisteacht leo? 6 Tá an cailín ciúin, mar níl
a fhios aici an freagra. 7 Is cuma liom cá bhfuil sé. 8 Cuir ort do chóta!
9 Tá Bríd sásta libh. 10 Bhí léine dheas uirthi inné.

5 1 Tuigeann Seán an cheist, ach níl a fhios aige an freagra. 2 Tá na pictiúir
seo go hálainn; an bhfuil tú ag iarraidh breathnú orthu? 3 Nuair a bhí
mé in Éirinn, chuidigh siad liom. 4 Chuir mé ceist ar na daoine sin ach
ní raibh a fhios acu. 5 Tá a fhios ag an múinteoir nach bhfuil na daltaí
ag éisteacht leis (or léi). 6 Tá orm dul a chodladh anois, mar beidh mé
ag éirí go moch ar maidin. 7 Tá an clár sin go maith; is fiú breathnú air.
8 Nuair a bhí muid anseo cheana, bhí na daoine úd ag caint linn. 9 Deir
Peige go bhfuil uirthi imeacht anois. 10 Bhí tú deireanach aréir; bhí 'chuile
dhuine ag fanacht leat.

6 1 Tá (or Níl) páistí acu. 2 Bhí/Ní raibh mé ag éisteacht leis. 3 Beidh/ní
bheidh mé ag cuidiú libh. 4 Chuala/níor chuala mé caint orthu. 5 Tá/ Níl
eolas agam uirthi. 6 Labhróimid/ní labhróimid leo í. 7 Tá/Níl an ceart
agat. 8 Bhuail/níor bhuail mé leis. 9 Tá leabhar/cat/páipéar (or anything
else) uirthi. 10 Tá siopa taobh léi.

UNIT TEN
Basic numbers

Irish numbers vary in form more than in many languages, depending on their use. The independent numbers below are used for simple counting, without naming the thing counted:

1	**a haon**	11	**a haon déag**
2	**a dó**	12	**a dó dhéag**
3	**a trí**	13	**a trí déag**
4	**a ceathair**	14	**a ceathair déag**
5	**a cúig**	15	**a cúig déag**
6	**a sé**	16	**a sé déag**
7	**a seacht**	17	**a seacht déag**
8	**a hocht**	18	**a hocht déag**
9	**a naoi**	19	**a naoi déag**
10	**a deich**	20	**fiche**

Used alone, the numbers 1–19 are preceded by the particle **a**, which prefixes an *h-* before vowels. These forms are also used for doing arithmetic, telling time, addresses and telephone numbers, room numbers, and other lists, when the number functions rather like a name, to identify a particular example of a noun which precedes it.

an Rí Seoirse *a trí*	King George III
bus *a deich*	the number 10 bus
bus *a haon*	the number 1 bus
leathanach *a dó*	page 2
uimhir *a hocht*	number 8

The same set of numbers is used for years; these are usually expressed, as in English, by dividing the four digits into pairs: **naoi déag cúig déag** 'nineteen fifteen'. The particle **a** is generally omitted, unless the second number is under 10, in which case it is also separated from the first pair by **agus** 'and': 1905 = **naoi déag agus a cúig**.

The Irish word for 'zero' is **náid**.

To count particular objects and name the object, as in 'six pages', 'ten buses', etc., the particle is omitted, and some numbers change as follows:

aon	becomes	**amháin** (which follows the noun)	**bus amháin**	one bus
dó	becomes	**dhá**	**dhá leathanach**	two pages
ceathair	becomes	**ceithre**	**ceithre lá**	four days

Additionally, the first consonant of the following noun is affected by mutation. The numbers 2–6 cause lenition, but 7–10 cause eclipsis (*n-* before a vowel). Irish numbers also differ from English numbers in being followed by a singular noun, rather than a plural (usually, but see below):

dhá bhád	two boats
ceithre theach	four houses
naoi gcarr	nine cars
ocht n-úll	eight apples
seach bhfarraige	seven seas
deich mbus	ten buses

Used alone before a noun, **aon** means 'any' rather than 'one'. **Amháin** is necessary to convey the numerical meaning. **Amháin** may be used alone, or combined with **aon**, in which case the uniqueness or singularity of the item is emphasized.

aon bhád	any boat
bád amháin	one boat
aon bhád amháin	one single boat or only one boat

For numbers above 10, a special word order applies when counting named objects. In these cases, the noun goes after the unit number and before the decimal. **Déag** is lenited to **dhéag**, after a noun ending in a vowel.

aon teach déag	eleven houses
trí fhuinneog déag	thirteen windows
sé dhuine dhéag	sixteen people
seacht bpláta dhéag	seventeen plates
naoi n-uimhir déag	nineteen numbers

Special plurals

A few nouns appear in the plural form after the numbers 3–10, rather than the singular. Most (not quite all) of these denote measurements of some sort. However, not every measure word is plural after numbers. So these nouns must just be learned as (somewhat patterned) exceptions. Here are the most common nouns with numerical plurals:

Singular	Numeral plural	Meaning
bliain	**bliana**	year
ceann	**cinn**	head, one
orlach	**orlaí**	inch
seachtain	**seachtainí**	week
slat	**slata**	yard, rod
troigh	**troithe**	foot
uair	**uaire**	hour, time
ubh	**uibhe**	egg

Some of these plurals are not the normal plural forms of the nouns. Although we say **trí bliana**, **deich mbliana**, the usual plural 'years' without numbers is **blianta**, as in **blianta ó shin** 'years ago'. Similarly, the normal plural of **ubh** is **uibheacha**; **uibhe** is used only with numbers, as is **uaire** (normally **uaireanta**). Others are the same with or without a number.

The mutations of plural nouns after numbers are also slightly different. While the numbers 7–10 still cause eclipsis (and place *n* before vowels), the numbers 3–6 do not lenite plurals, but those that end in a vowel (**trí**, **ceithre**, **sé**) prefix *h* to nouns beginning with a vowel. For example:

trí bliana	three years
ceithre seachtainí	four weeks
cúig uaire	five times or five hours
sé huaire	six times/hours
seacht n-uibhe	seven eggs
ocht n-uaire	eight hours
naoi dtroithe	nine feet (length)
deich mbliana	ten years

Nouns with more than one meaning may vary as to whether they are pluralized after numbers according to the meaning intended. For instance, **cloch** can mean 'a stone, a rock' or it can be a measure of weight. These are counted differently:

trí chloch	three rocks
trí clocha	three stone (weight)

Dialects vary regarding use of plurals after numbers. In any given dialect a few other nouns may be plural in number phrases, usually still within the general category of measure words (e.g., 'gallon' in Connemara).

The plural form is never used after **dhá** 'two', even with these nouns, but a few nouns have a special form with a slenderized consonant after **dhá**: **lámh** 'hand', **dhá láimh** 'two hands'. Similar forms are found after **dhá** for **cos** 'foot', **bos** 'palm of hand', **cluas** 'ear', and **bróg** 'shoe'.

One of the nouns most commonly found with numbers is **ceann**. Alongside its basic meaning 'head', it is often used as a pronoun form, like English 'one', a placeholder to avoid repeating the noun ('I like this car, but not that one'). Since these numbers cannot appear in sentences without a following noun, **ceann/cinn** must be used if one wants to avoid repeating the item being counted:

Tá cat amháin againn, tá dhá cheann ag Bríd, tá trí cinn ag muintir Sheáin, ach tá seacht gcinn ag na comharsana béaldorais.
We have one cat, Bríd has two, Séan's family has three, but the next-door neighbours have seven (lit. two ones, three ones, seven ones).

It should be noted that **ceann** is not normally used in this way when counting people; instead, personal numbers or **duine** (for numbers above ten) are used; these are described in a later unit.

Time

The basic numbers 1–12 are used for telling the time, often followed by the phrase **a chlog** 'o'clock'.

Tá sé a cúig a chlog.   It is five o'clock.

A chlog is used only for times on the hour; the number alone is used to signal half past the hour, or with any mention of minutes before or after the hour.

Tá sé leathuair tar éis a trí.   It is half past three.

Tar éis (in some dialects, **i ndiaidh**) marks time between the hour and half hour. Between the half hour and the next hour **chun** (in some dialects, **don** or **go dtí**) is used. Quarter hours are signalled by **ceathrú**.

Tá sé ceathrú tar éis a sé.   It is a quarter past six.
Tá sé deich nóiméad tar éis a sé.   It is ten past six.
Tá se cúig nóiméad is fiche i ndiaidh a sé.   It is twenty-five past six.

Tá sé fiche nóiméad chun a seacht.	It is twenty to seven.
Tá sé ceathrú don seacht.	It is a quarter to seven.
Tá sé cúig nóiméad go dtí a dó.	It is five to two.

Exercises

1 Do the arithmetic below, writing out the answer in words.

E.g.: 2 theach + 2 theach = <u>ceithre theach</u>

  1 1 troigh + 4 troithe = _____
  2 4 fhuinneog + 2 fhuinneog = _____
  3 3 mhadra + 4 mhadra = _____
  4 1 bliain + 2 bhliain = _____
  5 3 phláta + 5 phláta = _____
  6 8 dteach + dhá theach = _____
  7 4 dhoras + 5 dhoras = _____
  8 3 seachtainí + 4 seachtainí = _____
  9 3 huibhe + 5 uibhe = _____
10 3 theanga – 2 theanga = _____
11 8 gcarr – 4 charr = _____
12 7 bpunt – 1 punt = _____
13 8 madra – 5 mhadra = _____
14 12 uair – 3 huaire = _____
15 9 bpíosa – 4 phíosa = _____

2 Write out in words how many of the following there are. Do not write out the noun, but use *ceann/cinn* as appropriate. E.g.: sides on a rectangle: ceithre cinn.

  1 counties in Northern Ireland _____
  2 reindeer on Santa's sleigh_____
  3 leaves on a shamrock _____
  4 planets in the solar system _____
  5 cups in a pint _____
  6 cups in a quart _____
  7 eggs in a dozen _____
  8 legs on a spider _____
  9 horns on a unicorn _____
10 events in a decathlon _____

3 Answer the following with an appropriate number. E.g.: Cé hí Banríon
Shasana? <u>Eilís a Dó</u>

   1 Comhair ó 1 go dtí 10.
   2 Cén t-am é meán oíche?
   3 Cén uimhir i Sráid Downing a bhfuil Príomh-Aire na Breataine
      ann?
   4 Cén ceacht é seo?
   5 Cén cheist í seo?
   6 Céard é 20–3?
   7 Comhair ó 15 go dtí 20.

Answers to exercises

1 1 cúig troithe. 2 sé fhuinneog. 3 seacht madra. 4 trí bliana. 5 ocht bpláta.
6 deich dteach. 7 naoi ndoras. 8 seacht seachtainí. 9 ocht n-uibhe.
10 teanga amháin. 11 ceithre charr. 12 sé phunt. 13 trí mhadra. 14 naoi
n-uaire. 15 cúig phíosa.

2 1 sé cinn. 2 ocht gcinn. 3 trí cinn. 4 naoi gcinn. 5 dhá cheann. 6 ceithre
cinn. 7 dhá cheann déag. 8 ocht gcinn. 9 ceann amháin. 10 deich gcinn.

3 1 a haon, a dó, a trí, a ceathair, a cúig, a sé, a seacht, a hocht, a naoi,
a deich. 2 a dó dhéag. 3 uimhir a deich. 4 ceacht a deich. 5 ceist a cúig.
6 a seacht déag. 7 a cúig déag, a sé déag, a seacht déag, a hocht déag, a
naoi déag, fiche.

UNIT ELEVEN
Verbs I: Present tense of regular verbs

Regular Irish verbs fall into two classes, differing slightly in the endings they take. This unit introduces these classes through their present tense forms, with guidelines for identifying the class of a given verb.

First conjugation verbs

The verb stem is also the imperative singular; this is how it is listed in most contemporary dictionaries (some older ones use the first-person form). Most first-conjugation verbs have one-syllable stems. The exceptions are a few verbs with two syllables, including English loans, with the suffix -áil. Examples below show monosyllabic imperative stems and the plural imperative (used for commands to more than one listener):

Singular	Plural	
lig	**ligigí**	let, allow
rith	**rithigí**	run
feic	**feicigí**	see
seas	**seasaigí**	stand
glan	**glanaigí**	clean
dún	**dúnaigí**	close
scríobh	**scríobhaigí**	write

The spelling variations in the plural forms in these examples are found throughout all the verb forms. The plural ending -igí is added to verbs ending in a slender consonant, and a is added to the spelling if the verb ends in a broad consonant. Verbs pronounced with a final vowel are written with -igh in the singular; this is dropped when the plural imperative (or any other) ending is added. If the vowel is i, it becomes long í when the igh is dropped (cf. **nigh**).

brúigh	**brúigí**	press, push
dóigh	**dóigí**	burn
léigh	**léigí**	read
nigh	**nígí**	wash

Two-syllable verbs (and occasionally one-syllable ones) broaden the last consonant before a suffix (spelled by dropping the preceding *i*).

sábháil	**sábhálaigí**	save
péinteáil	**péinteálaigí**	paint
taispeáin	**taispeánaigí**	show
siúil	**siúlaigí**	walk

A few exceptions retain the slender consonant when endings are added; the most common such verb is **tiomáin/tiomáinigí** 'drive'.

Personal endings

Irish verbs vary by tense and person as to whether they use endings to mark a pronoun subject, or tense only. The present tense is quite simple: the general tense suffix *-ann* is used for all persons (*-eann* after a slender consonant), and a separate noun or pronoun identifies the subject, except in first-person forms. All dialects mark the first-person singular subject (*I*) with a special personal ending. Munster dialects and the Official Standard also use an ending for the first-person plural (*we*). With a personal ending, no pronoun is used.

Singular		*Plural*	
glanaim	I clean	**glanaimid**	we clean
glanann tú	you clean	**glanann sibh**	you (pl.) clean
glanann sé	he cleans	**glanann siad**	they clean
glanann sí	she cleans		
feicim	I see	**feicimid**	we see
feiceann tú	you see	**feiceann sibh**	you (pl.) see
feiceann sé	he sees	**feiceann siad**	they see
feiceann sí	she sees		
brúim	I push	**brúimid**	we push
brúann tú	you push	**brúann sibh**	you (pl.) push
ním	I wash	**nímid**	we wash
níonn tú	you wash	**níonn sibh**	you (pl.) wash

(Note the spelling *o* to mark the broad *nn*, when the preceding vowel is *í.*)

| **sábhálaim** | I save | **sábhálaimid** | we save |
| **sábhálann tú** | you save | **sábhálann sibh** | you (pl.) save |

In the Irish of Connacht and Ulster, the plural 'we' ending is usually replaced by the regular tense-only suffix -*ann* and a separate pronoun, usually **muid** (but a few regions use an older pronoun **sinn**):

glanann muid	we clean
feiceann muid	we see
níonn muid	we wash

Some Munster dialects are particularly rich in suffixed forms, using endings in place of pronouns even where the Standard does not. These forms will be presented in *Intermediate Irish*.

Second-conjugation verbs

The second verb class differs from the first in having mostly two-syllable imperative stems and long vowels in the endings. The second syllable of the imperative singular in this class of verbs often ends in *igh*, which is dropped when endings are added. As usual, the unpronounced letter *a* is added between the suffix and a verb ending in a broad consonant.

éirigh	**éirígí**	rise
imigh	**imígí**	go, depart
socraigh	**socraígí**	settle, arrange
ceannaigh	**ceannaígí**	buy

If the second syllable (sometimes the first) ends in *l*, *r*, *n*, an unstressed short vowel in the second syllable is omitted when an ending is added, unless loss of the vowel would produce a difficult-to-pronounce sequence of consonants (as in **foghlaim**).

oscail	**osclaígí**	open
imir	**imrígí**	play
inis	**insígí**	tell
foghlaim	**foghlaimígí**	learn

Note the long vowel in -*ígí*, contrasting with the first conjugation. In the present tense, likewise, the suffixes are *(a)ím*/*(a)ímid* for the first person singular/plural, and -*(a)íonn* for all other forms.

| **ceannaím** | I buy | **ceannaímid** | we buy |
| **ceannaíonn tú** | you buy | **ceannaíonn sibh** | you (pl.) buy |

ceannaíonn sé	he buys	**ceannaíonn siad**	they buy
ceannaíonn sí	she buys		
imrím	I play	**imrímid**	we play
imríonn tú	you play		

As in English, the present tense usually refers to an action performed habitually, on a regular basis (**Ithim iasc** 'I eat fish'). But with verbs expressing perceptions and mental states (e.g., 'see', 'think', 'believe'), it can refer to the moment of speech as well.

Feicim Colm go minic.	I see Colm often.
Feicim Colm anois.	I see Colm now.

Preverbal particles

To negate sentences, ask questions, and form subordinate clauses, verbs are preceded by one of a series of particles indicating the type of sentence. These particles are never stressed and cause mutations on the verb that follows them. Question and negative particles will be introduced here, and the rest in later units.

A statement is negated by the particle **ní** preceding a verb. It causes lenition, if the consonant can be lenited. If not, there is no change.

Ní fheicim duine ar bith.	I don't see anybody.
Ní ghlanann Caitríona a seomra.	Caitríona doesn't clean her room.
Ní léann siad riamh.	They never read.
Ní imrím cártaí.	I don't play cards.
Ní itheann Brian feoil.	Brian doesn't eat meat.

Questions are formed by the particle **an** before verbs, which causes eclipsis. Often, **an** is barely heard in casual speech, or only the vowel is heard before a consonant, but the eclipsis (or the sound of *n* before a vowel) signals the question.

An bhfeiceann tú mé?	Do you see me?
An itheann sí feoil?	Does she eat meat?
An léann siad mórán?	Do they read much?
An scríobhann tú litreacha?	Do you write letters?

Negative questions (generally implying expectation of a 'yes' answer) are formed with the eclipsing particle **nach**. **Nach** also prefixes *n-* to a vowel.

Nach bhfeiceann tú mé?	Don't you see me?
Nach n-itheann sí feoil?	Doesn't she eat meat?
Nach ndúnann siad an fhuinneog?	Don't they close the window?
Nach léann tú úrscéalta?	Don't you read novels?

Negative commands are also expressed with a preverbal particle, **ná**, which does not affect a consonant, but prefixes *h* to a vowel:

Fan ansin!	Stay there!
Ná fan ansin!	Don't stay there!
Dún an doras!	Close the door!
Ná dún an doras!	Don't close the door!
Imigh!	Go away, leave!
Ná himigh!	Don't go!
Ól an tae!	Drink the tea!
Ná hól an tae!	Don't drink the tea!

Exercises

1 Make the imperative verbs below plural.

   1 Rith!
   2 Oscail an doras!
   3 Ceannaigh bia anseo!
   4 Nigh do lámha!
   5 Ná bris é sin!
   6 Scríobh litir dom!
   7 Éirigh anois!
   8 Siúil abhaile!
   9 Ná péinteáil an balla dearg!
10 Críochnaigh an obair!

2 Insert a present-tense form of the imperative verb in parentheses into each sentence.

   1 (díol) _____Stiofán bláthanna.
   2 (labhair) _____ muid Gaeilge.
   3 (ith) _____na gasúir uachtar reoite.
   4 (ól) _____ mo mháthair tae.
   5 (imir) _____Liam peil.
   6 (dúisigh) _____ sí ag a hocht a chlog.
   7 (ceannaigh) _____ tú go leor bainne.
   8 (parcáil) _____siad anseo.

9 (léigh) _____ siad dánta le Nuala Ní Dhomhnaill.
10 (buail) _____Peige agus Caitlín le chéile gach
    Satharn.
11 (tiomáin) _____Pádraig go dtí an oifig.
12 (foghlaim) _____siad go han-mhaith.

3 Make the following sentences negative.

   1 Cuireann sí geall ar na capaill.
   2 Aithním thú.
   3 An gceannaíonn Bríd iasc go minic?
   4 Caillim mo chuid eochracha go minic.
   5 Oscail an fhuinneog!
   6 Bearraim mé féin gach maidin.
   7 Réitíonn Cáit bia breá.
   8 Fanaigí ansin!
   9 An dtiomáineann tú?
  10 Ligeann siad an cat amach.

4 Convert the following statements to questions.

   1 Cleachtann sibh bhur gcuid Gaeilge 'chuile lá.
   2 Ní ghlanaim an t-urlár go minic.
   3 Cuireann madraí faitíos ar Pheige.
   4 Ní chodlaíonn tú go maith san oíche.
   5 Tuigeann siad an cheist.
   6 Imríonn na buachaillí peil sa pháirc sin.
   7 Déanann sé obair mhaith.
   8 Ní imíonn sibh abhaile go luath.
   9 Léann tú leabhair as Gaeilge.
  10 Breathnaíonn sí ar an gclár sin go minic.

5 In at least ten sentences, describe a typical day, from the time you get
   up until you go to bed.

6 Translate.

   1 Máire doesn't eat meat and Nuala doesn't eat fish.
   2 Mícheál drives to work, but Máirtín walks.
   3 It rains nearly every day.
   4 Leaves fall from the trees every autumn.
   5 I watch television at night and listen to the radio in the morning.
   6 Do you read many novels?
   7 Doesn't she sing well?
   8 I write to Bríd every week, but she doesn't write back.

9   I buy food every Saturday morning.
10   Does your sister understand German?

Answers to exercises

1   1 Rithigí! 2 Osclaígí an doras! 3 Ceannaígí bia anseo! 4 Nígí bhur lámha!.
5 Ná brisigí é sin! 6 Scríobhaigí litir dom! 7 Éirígí anois! 8 Siúlaigí abhaile!
9 Ná péinteálaigí an balla dearg! 10 Críochnaígí an obair!

2   1 Díolann Stiofán bláthanna. 2 Labhraíonn muid Gaeilge. 3 Itheann
na gasúir uachtar reoite. 4 Ólann mo mháthair tae. 5 Imríonn Liam peil.
6 Dúisíonn sí ag a hocht a chlog. 7 Ceannaíonn tú go leor bainne.
8 Parcálann siad anseo. 9 Léann siad dánta le Nuala Ní Dhomhnaill.
10 Buaileann Peige agus Caitlín le céile. 11 Tiomáineann Pádraig go dtí
an oifig. 12 Foghlaimíonn siad go han-mhaith.

3   1 Ní chuireann sí geall ar na capaill. 2 Ní aithním thú. 3 Nach gceannaíonn
Bríd iasc go minic? 4 Ní chaillim mo chuid eochracha go minic. 5 Ná
hoscail an fhuinneog! 6 Ní bhearraim mé féin gach maidin. 7 Ní réitíonn
Cáit bia breá. 8 Ná fanaigí ansin. 9 Nach dtiomáineann tú? 10 Ní ligeann
siad an cat amach.

4   1 An gcleachtann sibh bhur gcuid Gaeilge 'chuile lá? 2 Nach nglanaim
an t-urlár go minic? 3 An gcuireann madraí faitíos ar Pheige? 4 Nach
gcodlaíonn tú go maith san oíche? 5 An dtuigeann siad an cheist? 6 An
imríonn na buachaillí peil sa pháirc sin? 7 An ndéanann sé obair mhaith?
8 Nach n-imíonn sibh abhaile go luath? 9 An léann tú leabhair as Gaeilge?
10 An mbreathnaíonn sí ar an gclár sin go minic?

5   *Sample*: Éirím ag a hocht a chlog. Tógaim ciothfholcadh. Cuirim mo chuid
éadaigh orm. Ithim bricfeasta. Siúlaim go dtí an oifig. Ceannaím cupán
caife ar an mbealach. Léim agus scríobhaim ar feadh an lae. Buailim le
cara am lóin. Téim abhaile ag 6:00. Réitím dinnéar agus ithim é. Léim,
nó breathnaím ar an teilifís, nó téim amach. Téim a chodladh timpeall
meán oíche.

6   1 Ní itheann Máire feoil, agus ní itheann Nuala iasc. 2 Tiomáineann
Mícheál ag obair, ach siúlann Máirtín. 3 Cuireann sé báisteach beagnach
gach lá. 4 Titeann duilleoga ó na crainn gach fómhar [or 'chuile fhómhar].
5 Breathnaím ar an teilifís tráthnóna, agus éistim leis an raidió ar maidin.
6 An léann tú mórán úrscéalta? 7 Nach gcanann sí go maith? 8 Scríobhaim
chuig Bríd 'chuile sheachtain, ach ní scríobhann sí ar ais. 9 Ceannaím bia
gach maidin Dé Sathairn. 10 An dtuigeann do dheirfiúr Gearmáinis?

UNIT TWELVE
Verbs II: Future tense of regular verbs

The two verb classes also differ in the future tense. The future suffix of first-conjugation verbs begins with *f*, while the second-conjugation suffix begins with *ó/eo*.

First-conjugation verbs

Verbs of the first conjugation form the future tense by adding the suffix *-faidh* to an imperative stem form ending in a broad vowel, and *-fidh* to a stem ending in a slender vowel:

seas	stand	**seasfaidh**	will stand
glan	clean	**glanfaidh**	will clean
dún	close	**dúnfaidh**	will close
scríobh	write	**scríobhfaidh**	will write
lig	let, allow	**ligfidh**	will allow
rith	run	**rithfidh**	will run
feic	see	**feicfidh**	will see

Vowel-final stems again drop final *-igh* when the tense suffix is added, and (pronounced) *i* becomes long. The vowel of the stem form determines whether the broad or slender version of the suffix is used:

brúigh	press, push	**brúfaidh**	will push
dóigh	burn	**dófaidh**	will burn
léigh	read	**léifidh**	will read
nigh	wash	**nífidh**	will wash

If the imperative stem is two syllables, the last consonant becomes broad (drops the *i* in spelling) when endings are added, as in the present tense. Again, **tiomáin** doesn't broaden the *n*.

sábhálfaidh	will save
tiomáinfidh	will drive

Second-conjugation verbs

The second-conjugation future ends in *-óidh*. Final *-igh* is dropped before adding the ending. If the first syllable of the verb ends in a slender consonant, the ending is *-eoidh*. Note that length is not marked on *o* after *e*.

ceannaigh	buy	**ceannóidh**	will buy
socraigh	settle, arrange	**socróidh**	will arrange
éirigh	rise	**éireoidh**	will rise
imigh	go, depart, leave	**imeoidh**	will depart
foghlaim	learn	**foghlaimeoidh**	will learn

As in Unit 11, verbs containing *l*, *n*, or *r* lose an adjacent short vowel when the suffix is added. If the consonants are originally of different qualities, the second changes to match the first, as in **oscail**:

oscail	open	**osclóidh**	will open
imir	play	**imreoidh**	will play
inis	tell	**inseoidh**	will tell
seachain	avoid	**seachnóidh**	will avoid

Personal endings

A separate subject pronoun is used with most future-tense forms. The Official Standard (Caighdeán) uses the suffix *-mid* (replacing the *dh*) in the first-person plural, but separate pronouns are used for all other forms. In Connacht and Ulster, the separate pronoun **muid** replaces the first-person-plural ending as well:

Caighdeán, Munster	*Connacht, Ulster*	
seasfaimid	**seasfaidh muid**	we will stand
rithimid	**rithfidh muid**	we will run
ceannóimid	**ceannóidh muid**	we will buy
imreoimid	**imreoidh muid**	we will play

Some Munster speakers use endings in place of many other personal pronouns; these will be discussed in *Intermediate Irish*, but will not be introduced here.

Let's

Future-tense forms in the first-person plural are common in colloquial Irish to convey the meaning 'let's', although standard imperative forms ending in -*mis* also exist and are preferred in some dialects:

Ólfaidh muid deoch.	Let's have a drink.
Ólaimis deoch.	
Déanfaidh muid é.	Let's do it.
Déanaimis é.	

Preverbal particles, subordinate clauses

The negative and question particles introduced in Unit 11, **ní, an, nach**, are used in exactly the same way with the future-tense forms as they are for the present tense and cause the same mutations on the first consonant of the verb:

Ní fheicfidh mé Tomás.	I won't see Tomás.
An gceannóidh tú cáca?	Will you buy a cake?
Nach n-imreoidh sibh peil?	Won't you play football?

Subordinate clauses (in most tenses, including both present and future) are introduced by the particle **go** 'that', which eclipses consonants and prefixes *n-* to vowels. If the clause is negative, the particle **nach** 'that . . . not' is used, causing the same mutations. These forms are sometimes referred to as indirect, or reported speech, because they may be used for indirect quotations after **deir** 'says'.

Sílim go mbuann siad go minic.	I think that they often win.
Sílim nach mbuann siad go minic.	I think that they don't often win.
Tá mé cinnte go gcreidfidh sí mé.	I'm certain that she will believe me.
Tá mé cinnte nach gcreidfidh sí mé.	I'm certain she won't believe me.
Deir Bríd go n-ólann sí fíon dearg.	Bríd says she drinks red wine.
Deir Bríd nach n-ólfaidh sí tae.	Brid says she won't drink tea.

Unlike English 'that', which may be omitted (as in several examples above), Irish **go** and **nach** cannot be left out. Moreover, if there are two or more verbs in the subordinate clause, **go** must precede each of them.

Tá a fhios agam go gceannóidh sé deoch agus go n-ólfaidh sé í.
I know that he will buy a drink and drink it.

Questions may also be subordinate clauses, after verbs and phrases indicating uncertainty or questioning, such as **fiafraigh** 'ask', **níl a fhios agam** 'I don't know', **n'fheadar** 'I don't know, I wonder', **níl mé cinnte** 'I'm not sure', etc. Subordinate, or indirect, questions are exactly the same as ordinary questions (see Unit 11), using the particle **an**. Unlike English, which uses different order of subject and verb, no change in form is required.

An airíonn sí tinn?	Does she feel sick?
Fiafraigh an airíonn sí tinn.	Ask whether she feels sick.
An gcuirfidh sé báisteach?	Will it rain?
Níl mé cinnte an gcuirfidh sé báisteach.	I'm not sure if it will rain.

Future of ith 'eat'

The verb 'to eat' is regular in most forms, but it does have an irregular future tense. The stem form *ith* changes to *íos-*, to which the regular first conjugation ending *-faidh* is added. Predictably, the particles **go** and **nach** prefix *n-* to the vowel, the question particle is pronounced **an**, and **ní** has no effect on an initial vowel.

Itheann Seán feoil.	Seán eats meat.
Íosfaidh Seán feoil.	Seán will eat meat.
Ní íosfaidh Peadar feoil.	Peadar won't eat meat.
An íosfaidh tú feoil?	Will you eat meat?
Nach n-íosfaidh siad feoil?	Won't they eat meat?
Deir Ciara nach n-íosfaidh sí feoil.	Ciara says that she won't eat meat.
Deir Bríd go n-íosfaidh sí feoil.	Bríd says that she will eat meat.

For some speakers, the future form is spreading to other tenses, especially the present, so that one sometimes hears **ní íosann sí feoil** alongside **ní itheann sí feoil**.

Exercises

1 Convert the following sentences to the future tense.

1 Déanaim bricfeasta ag a hocht a chlog.
2 Labhraíonn siad Iodáilis.
3 Dúnann Peige doras na hoifige.
4 Léann Donncha úrscéalta.
5 Fanaim ag an oifig.
6 Ní imríonn siad cártaí.

7   Ceannaíonn muid (ceannaímid) bia ansin.
8   Foghlaimíonn tú go maith.
9   Filleann sí abhaile sa samhradh
10 Gnóthaíonn siad 'chuile chluiche.
11 Osclaíonn an siopa tráthnóna.
12 Ní aithníonn tú í.
13 Scríobhaim litir abhaile uair sa tseachtain.
14 Péinteálann Brian an teach.
15 Éisteann muid (éistimid) leis an raidíó ar maidin.
16 Nach dtuigeann sibh é?
17 Ní itheann Nuala iasc.
18 Tuigeann Tadhg Taidhgín.
19 Bailím airgead don choiste.
20 Feiceann muid Máirín ar an Luan.

2   Make subordinate clauses of the following sentences by putting them after the phrase **Deir siad** 'they say' for statements or **Níl a fhios agam** 'I don't know' for questions.

E.g.: Tá sí anseo → Deir siad go bhfuil sí anseo.
      An bhfuil sí anseo? → Níl a fhios agam an bhfuil sí anseo.

1   An aithníonn tú mé?
2   Ní dhíolann an siopa sin bia maith.
3   Cailleann Brian a chuid eochracha.
4   Glanfaidh siad an seomra.
5   Taithneoidh an clár sin leat.
6   An éireoidh tú in am?
7   Ní fhanfaidh tú linn.
8   An dtiomáineann tú?
9   Réiteoidh sí dínnéar do chách.
10 An íosfaidh an páiste an béile sin?

3   Convert the following statements to questions.

1   Breathnóidh muid (breathnóimid) ar scannán anocht.
2   Imreoidh sibh cártaí an óíche ar fad.
3   Cloisfidh sibh ceol ag an deireadh seachtaine.
4   Ní fheicfidh tú Máire anocht.
5   Fanfaidh muid (fanfaimid) leat.
6   Buailfidh Bríd le Máirtín.
7   Ní chreidfidh siad an scéal.
8   Ní thógfaidh sé teach nua.
9   Críochnóidh muid (críochnóimid) an obair in am.
10 Ní íosfaidh sí mórán.

4 In at least ten sentences, describe plans for the coming weekend.

5 Translate.

   1 We'll do the work now.
   2 Will you help us?
   3 She thinks she won't understand.
   4 My sister will drive the car.
   5 Áine will clean the kitchen; will you [sing.] clean the bedroom?
   6 Cáit says that she will tell Séamas the truth.
   7 Ask her if she will help you.
   8 Don't [pl.] play football in the garden; you'll ruin the flowers.
   9 Let's open the windows and close the door.
  10 I won't read that book; I know I won't like it.

Answers to exercises

1 1 Déanfaidh mé bricfeasta ag 8:00. 2 Labhróidh siad Iodáilis. 3 Dúnfaidh
Peige doras na hoifige. 4 Léifidh Donncha úrscéalta. 5 Fanfaidh mé
ag an oifig. 6 Ní imreoidh siad cártaí. 7 Ceannóidh muid (ceannóimid)
bia ansin. 8 Foghlaimeoidh tú go maith. 9 Fillfidh sí abhaile sa samhradh
10 Gnóthóidh siad 'chuile chluiche. 11 Osclóidh an siopa tráthnóna.
12 Ní aithneoidh tú í. 13 Scríobhfaidh mé litir abhaile uair sa tseachtain.
14 Péinteálfaidh Brian an teach. 15 Éistfidh muid (éistfimid) leis an raidío
ar maidin. 16 Nach dtuigfidh sibh é? 17 Ní íosfaidh Nuala iasc. 18 Tuigfidh
Tadhg Taidhgín. 19 Baileoidh mé airgead don choiste. 20 Feicfidh muid
Máirín ar an Luan.

2 1 Níl a fhios agam an aithníonn tú mé. 2 Deir siad nach ndíolann an siopa
sin bia maith. 3 Deir siad go gcailleann Brian a chuid eochracha. 4 Deir
siad go nglanfaidh siad an seomra. 5 Deir siad go dtaithneoidh an clár
sin leat. 6 Níl a fhios agam an éireoidh tú in am. 7 Deir siad nach
bhfanfaidh tú linn. 8 Níl a fhios agam an dtiomáineann tú. 9 Deir siad
go réiteoidh sí dínnéar do chách. 10 Níl a fhios agam an íosfaidh an páiste
an béile sin.

3 1 An mbreathnóidh muid (an mbreathnóimid) ar scannán anocht? 2 An
imreoidh sibh cártaí an oíche ar fad? 3 An gcloisfidh sibh ceol ag an
deireadh seachtaine? 4 Nach bhfeicfidh tú Máire anocht? 5 An bhfanfaidh
muid (an bhfanfaimid) leat? 6 An mbuailfidh Bríd le Máirtín? 7 Nach
gcreidfidh siad an scéal? 8 Nach dtógfaidh sé teach nua? 9 An
gcríochnóidh muid (an gcríochnóimid) an obair in am? 10 Nach n-íosfaidh
sí mórán?

4 *Sample*: Tógfaidh mé an bus go Corcaigh. Fanfaidh mé i dteach lóistín. Feicfidh mé an chathair. Éistfidh mé le ceol. Cuirfidh mé glaoch ar chara liom. Buailfidh mé le mo chara. Ólfaidh muid deoch le chéile. Breathnóidh mé ar chomórtas rince. Ceannóidh mé bronntanas do mo chlann. Íosfaidh mé béile maith i mbialann.

5 1 Déanfaidh muid (Déanfaimid) an obair anois. 2 An gcuideoidh tú linn? 3 Síleann sí nach dtuigfidh sí. 4 Tiomáinfidh mo dheirfiúr an carr. 5 Glanfaidh Áine an chistin; an nglanfaidh tusa na seomraí codlata? 6 Deir Cáit go n-inseoidh sí an fhírinne do Shéamas. 7 Fiafraigh di an gcuideoidh sí leat. 8 Ná himrígí peil sa ghairdín; millfidh sibh na bláthanna. 9 Osclóidh muid (or Osclaímis) na fuinneoga agus dúnfaidh muid (dúnaimis)an doras. 10 Ní léifidh mé an leabhar sin; tá a fhios agam nach dtaithneoidh sé liom.

UNIT THIRTEEN
Verbs III: Past tense

The past-tense form of regular verbs is very simple. However, the particles that introduce questions, negation, etc., differ somewhat in the past tense from other tenses.

Simple past

The past tense of regular verbs in both conjugations consists simply of the imperative singular stem, plus lenition of the initial consonant. If the consonant is one that cannot be lenited, then the past tense and imperative forms are identical, except that the past tense in a sentence will be followed by a subject pronoun or noun.

First conjugation

seas	stand	**sheas**	stood
glan	clean	**ghlan**	cleaned
dún	close	**dhún**	closed
brúigh	press, push	**bhrúigh**	pushed
scríobh	write	**scríobh**	wrote
lig	let, allow	**lig**	allowed, let

Second conjugation

ceannaigh	buy	**cheannaigh**	bought
socraigh	settle, arrange	**shocraigh**	arranged
bailigh	collect	**bhailigh**	collected
tosaigh	begin	**thosaigh**	began
réitigh	prepare, solve	**réitigh**	prepared, solved

Verbs beginning with *f*, in addition to being lenited (and thus not pronounced) have the particle *d'* before them, which also precedes all past verbs beginning with a vowel:

fan	stay, wait	**d'fhan**	stayed, waited
foghlaim	learn	**d'fhoghlaim**	learned
freagair	answer	**d'fhreagair**	answered
ith	eat	**d'ith**	ate
oscail	open	**d'oscail**	opened
éirigh	rise	**d'éirigh**	rose

Personal endings

As in other tenses, separate endings for pronoun subjects are rare outside of Munster. The first-person-plural past tense suffix -*mar* of the Caighdeán is replaced by the simple verb stem and the pronoun **muid** in the spoken Irish of Connacht and Ulster. Pronouns indicate other subjects, although the ending -*dar* for 'they' is a common alternative in Connacht Irish (e.g., **sheas siad** or **sheasadar, cheannaigh siad** or **cheannaíodar**). Note the long vowel in the second conjugation.

Caighdeán, Munster	*Connacht, Ulster*	
sheasamar	**sheas muid**	we stood
ritheamar	**rith muid**	we ran
cheannaíomar	**cheannaigh muid**	we bought
d'imríomar	**d'imir muid**	we played

Preverbal particles

The particles marking questions, negatives, and subordinate clauses in the past tense have variant forms ending in *r*. Lenition of consonants is maintained after all these particles, but with the prefixed *d'* found before vowels and *f* disappearing when the verb is preceded by a particle.

Negative: **níor**

Níor sheas sé.	He didn't stand.
Níor rith sé.	He didn't run.
Níor fhan sé.	He didn't stay.
Níor imir sé.	He didn't play.

Question: **ar**

Ar sheas sé?	Did he stand?
Ar rith sé?	Did he run?
Ar fhan sé?	Did he stay?
Ar imir sé?	Did he play?

The same question particle is used in subordinate, or indirect questions:

Fiafraigh ar sheas sé.	Ask if he stood.
Meas tú ar rith sé?	I wonder if he ran.
Níl a fhios agam ar fhan sé.	I don't know if he stayed.
Níl mé cinnte ar imir sé.	I'm not sure if he played.

Negative question: **nár**

Nár sheas sé?	Didn't he stand?
Nár rith sé?	Didn't he run?
Nár fhan sé?	Didn't he stay?
Nár imir sé?	Didn't he play?

Subordinate clause: **gur** (negative **nár**)

Sílim gur sheas sé.	I think he stood.
Sílim nár sheas sé.	I think he didn't stand.
Sílim gur rith sé.	I think he ran.
Sílim gur fhan sé.	I think he stayed.
Sílim nár imir sé.	I think he didn't play.

Answering questions

Irish has no single words for 'yes' and 'no'. Questions requiring a response of 'yes' or 'no' are answered in Irish by repeating the verb or its negative, in the appropriate tense form. An ending indicating the subject is included in the answer, but if the subject is a separate pronoun, then it is omitted and only the verb is repeated:

Q:	**An bhfeiceann tú an t-éan?**	Do you see the bird?
A:	**Feicim.**	Yes.
	Ní fheicim.	No.
Q:	**Ar dhíol siad an teach?**	Did they sell the house?
A:	**Dhíol.**	Yes.
	Níor dhíol.	No.

If a subject pronoun *is* included in the response, it is taken to be emphatic, for example, as a contradiction to what the other speaker said or expects to hear.

Q:	**Tá sí pósta, nach bhfuil?**	She's married, isn't she?
A:	**Níl sí!**	No, she's (certainly) not!

Exercises

1 Convert the following sentences to past tense.

    1 Réitím bricfeasta ag 8:00.
    2 Labhraíonn siad Iodáilis.
    3 Dúnann Peige doras na hoifige.
    4 Léann Donncha úrscéalta.
    5 Siúlaim go dtí an oifig.
    6 Ní imríonn siad cártaí.
    7 Ceannaíonn muid bia ansin.
    8 Foghlaimíonn tú go maith.
    9 Filleann sí abhaile sa samhradh.
  10 Gnóthaíonn siad 'chuile chluiche.
  11 Osclaíonn siad an siopa tráthnóna.
  12 Ní aithníonn tú í.
  13 Scríobhaim litir chuig mo mhuintir.
  14 Péinteálann Brian an teach.
  15 Éisteann muid leis an raidío ar maidin.
  16 Nach dtuigeann sibh é?
  17 Ní itheann Nuala iasc.
  18 Tuigeann Tadhg Taidhgín.
  19 Bailím airgead don choiste.
  20 Tiomáineann Máirín Dé Luain.

2 Make subordinate clauses of the following sentences by putting them after the phrase **Deir siad** 'they say' for statements or **Níl a fhios agam** 'I don't know' for questions.

    1 Ar aithin tú mé?
    2 Dhíol an siopa sin bia maith.
    3 Chaill Brian a chuid eochracha.
    4 Ghlan siad an seomra.
    5 Thaithin an clár sin leat.
    6 Ar éirigh tú in am?
    7 D'fhan tú linn.
    8 Ar thiomáin tú?
    9 Réitigh sí dínnéar do chách.
  10 Ar ith an páiste an béile sin?

3 Change the sentences below to question or negative forms as indicated, or use subordinate forms after the introductory forms **Deir siad** or **Níl a fhios agam** when these are provided.

1 Thit an páiste. **Negative**
2 Chuir sé sneachta inné. **Deir siad**
3 Cheannaigh Séan carr nua. **Question**
4 D'imir siad go maith. **Negative**
5 Ar thuig sí an cheist? **Níl a fhios agam**
6 Ar ghlan tú do sheomra? **Negative**
7 Níor fhoghlaim sí Fraincis. **Question**
8 Phós Bairbre fear saibhir. **Question**
9 D'fhág Tomáisín a bhréagáin ar an urlár. **Negative**
10 Dhúisigh siad go moch ar maidin. **Deir siad**
11 Chreid tú an scéal. **Question**
12 Bhearr sé an fhéasóg. **Negative**
13 Chodail sibh go maith. **Question**
14 Lig sí amach an cat. **Deir siad**
15 D'ith mé béile mór. **Negative**

4 Review the tenses by changing the following commands to the appropriate tense according to the adverb provided. Use **mé** as the subject.

> **inné**: past tense
> **go minic**: present tense
> **amárach**: future tense

> E.g.: Ceannaigh siúcra. **amárach:** <u>Ceannóidh mé siúcra.</u>

1 Críochnaigh an obair! **inné**
2 Éist le do mháthair! **go minic**
3 Glan do sheomra! **amárach**
4 Labhair Gaeilge! **go minic**
5 Léigh an scéal seo! **inné**
6 Glac leis an iarratas! **amárach**
7 Scríobh litir chugam! **inné**
8 Dún an doras! **go minic**
9 Fág an leabhar ag an leabharlann! **inné**
10 Tóg go réidh é! **amárach**

5 Change both the tense of the verb and the type of sentence (question, statement, negative, subordinate) according to the cues given, as above. Use **mé** or **muid** as the subject in statements and **tú** or **sibh** in questions and subordinate clauses after **deir siad**.

1 Cóirigh an leaba! **Negative**
   inné:
   go minic:
   amárach:

2   Éirígí go moch! **Question**
    inné:
    go minic:
    amárach:

3   Suigh síos! **Negative question**
    inné:
    go minic:
    amárach:

4   Codlaígí go maith. **Statement**
    inné:
    go minic:
    amárach:

5   Tosaigh go luath! **Question**
    inné:
    go minic:
    amárach:

6   Siúil go mall! **Negative**
    inné:
    go minic:
    amárach:

7   Oscail na fuinneoga. **Statement**
    inné:
    go minic:
    amárach:

8   Athraigh dath do chuid gruaige. **Question**
    inné:
    go minic:
    amárach:

9   Cas amhrán. **Deir siad**
    inné:
    go minic:
    amárach:

10   Taispeáin do Bhríd é. **Negative**
    inné:
    go minic:
    amárach:

6   In at least ten sentences, describe a day of the past week.

7   Answer the following sentences, as indicated:

    1   An ólfaidh tú pionta?   (yes)
    2   Ar cheannaigh tú bananaí?   (no)
    3   An itheann Máire iasc?   (no)

4 An éistfidh siad liom? (yes)
5 Ar bhris tú an ghloine? (yes)
6 An éiríonn tú go moch? (no)
7 An bhfeiceann sibh bhur muintir go minic? (yes)
8 Ar thosaigh siad ar an obair? (no)
9 Ar ól an cat an bainne? (yes)
10 An bhfeicfidh sibh Bríd amárach? (yes)

Answers to exercises

1 1 Réitigh mé bricfeasta ag 8:00. 2 Labhair siad Iodáilis. 3 Dhún Peige
doras na hoifige. 4 Léigh Donncha úrscéalta. 5 Shiúil mé go dtí an oifig.
6 Níor imir siad cártaí. 7 Cheannaigh muid (cheannaíomar) bia ansin. 8
D'fhoghlaim tú go maith. 9 D'fhill sí abhaile sa samhradh. 10 Ghnóthaigh
siad 'chuile chluiche. 11 D'oscail siad an siopa tráthnóna. 12 Níor aithin
tú í. 13 Scríobh mé leitir chuig mo mhuintir uair sa tseachtain. 14
Phéinteáil Brian an teach. 15 D'éist muid (d'éisteamar) leis an raidío ar
maidin. 16 Nár thuig sibh é? 17 Níor ith Nuala iasc. 18 Thuig Tadhg
Taidhgín. 19 Bhailigh mé airgead don choiste. 20 Thiomáin Máirín Dé
Luain.

2 1 Níl a fhios agam ar aithin tú mé. 2 Deir siad gur dhíol an siopa sin bia
maith. 3 Deir siad gur chaill Brian a chuid eochracha. 4 Deir siad gur
ghlan siad an seomra. 5 Deir siad gur thaithin an clár sin leat. 6 Níl a
fhios agam ar éirigh tú in am. 7 Deir siad gur fhan tú linn. 8 Níl a fhios
agam ar thiomáin tú. 9 Deir siad gur réitigh sí dínnéar do chách. 10 Níl
a fhios agam ar ith an páiste an béile sin.

3 1 Níor thit an páiste. 2 Deir siad gur chuir sé sneachta inné. 3 Ar
cheannaigh Seán carr nua? 4 Níor imir siad go maith. 5 Níl a fhios agam
ar thuig sí an cheist. 6 Nár ghlan tú do sheomra? 7 Nár fhoghlaim sí
Fraincis? 8 Ar phós Bairbre fear saibhir? 9 Níor fhág Tomáisín a bhréagáin
ar an urlár. 10 Deir siad gur dhúisigh siad go moch ar maidin. 11 Ar chreid
tú an scéal? 12 Níor bhearr sé an fhéasóg. 13 Ar chodail sibh go maith?
14 Deir siad gur lig sí amach an cat. 15 Níor ith mé béile mór.

4 1 Chríochnaigh mé an obair. 2 Éistim le mo mháthair. 3 Glanfaidh mé
mo sheomra. 4 Labhraím Gaeilge. 5 Léigh mé an scéal. 6 Glacfaidh mé
leis an iarratas. 7 Scríobh mé litir chugat. 8 Dúnaim an doras. 9 D'fhág
mé an leabhar ag an leabharlann. 10 Tógfaidh mé go réidh é.

5 1 Cóirigh an leaba! **Negative. inné:** Níor chóirigh mé an leaba. **go minic:**
Ní chóirím an leaba. **amárach:** Ní chóireoidh mé an leaba. 2 Éirígí go

moch: **Question. inné:** Ar éirigh sibh go moch? **go minic:** An éiríonn sibh go moch? **amárach:** An éireoidh sibh go moch? 3 Suigh síos **Negative question. inné:** Nár shuigh tú síos? **go minic:** Nach suíonn tú síos? **amárach:** Nach suífidh tú síos? 4 Codlaígí go maith. **Statement. inné:** Chodlaíomar/chodail muid go maith. **go minic:** Codlaímid/codlaíonn muid go maith. **amárach:** Codlóimid/codlóidh muid go maith. 5 Tosaigh go luath. **Question. inné:** Ar thosaigh tú go luath? **go minic:** An dtosaíonn tú go luath? **amárach:** An dtosóidh tú go luath? 6 Siúil go mall. **Negative. inné:** Níor shiúil mé go mall. **go minic:** Ní shiúlaim go mall. **amárach:** Ní shíúlfaidh mé go mall. 7 Oscail na fuinneoga. **Statement. inné:** D'oscail mé na fuinneoga. **go minic:** Osclaím na fuinneoga. **amárach:** Osclóidh mé na fuinneoga. 8 Athraigh dath do chuid gruaige. **Question. inné:** Ar athraigh tú dath do chuid gruaige? **go minic:** An athraíonn tú dath do chuid gruaige? **amárach:** An athróidh tú dath do chuid gruaige? 9 Cas amhrán. **Deir siad** . . . **inné:** Deir siad gur chas tú amhrán. **go minic:** Deir siad go gcasann tú amhrán. **amárach:** Deir siad go gcasfaidh tú amhrán. 10 Taispeáin dó Bhríd é. **Negative. inné:** Níor thaispeáin mé do Bhríd é. **go minic:** Ní thaispeánaim do Bhríd é. **amárach:** Ní thaispeánfaidh mé do Bhríd é.

6 *Sample*: Chodail mé amach ag an deireadh seachtaine. D'fhan mé sa leaba agus léigh mé ann. D'éirigh mé deireanach. D'ith mé bricfeasta i mbialann. Cheannaigh mé rudaí ag an ngrósaeir. Ghlan mé an teach. Thóg mé an bus go dtí na Garraithe Náisiúnta. Shiúil mé tamall. Bhreathnaigh mé ar dhráma ag an amharclann tráthnóna. D'ól mé deoch le cairde tar éis an dráma. D'fhan mé i mo shuí tar éis meán oíche.

7 1 Ólfaidh. 2 Níor cheannaigh. 3 Ní itheann. 4 Éistfidh. 5 Bhris. 6 Ní éirím. 7 Feiceann or Feicimid. 8 Níor thosaigh or Níor thosaíodar. 9 D'ól. 10 Feicifidh.

UNIT FOURTEEN
Irregular verbs I

Eleven Irish verbs are irregular in the ways their tenses are formed; as is common across languages, these are among the most frequently used verbs in the language. Irregularities are of three kinds:

- Certain tenses may use different stems from the imperative stem that is the basis of regular tense formation.
- The form used after verbal particles (**ní**, **an**, **go**, **nách**), known as the *dependent* form, may differ from the form for simple statements.
- There may be irregularities in the pattern of mutation after these particles.

In the most complex cases, a single verb may show all three types of irregularity.

'Get' and 'go'

The verbs meaning 'get' and 'go' use distinct stem forms for present, past, and future tense formation; additionally, some tenses have separate stems for dependent and independent forms. These irregularities are summarized here, with examples to illustrate each form.

Imperative forms and stems to which tense and person forms are added head each column. For most irregular verbs, imperative stems match the present stems, and their plurals are formed regularly from the singular, unless otherwise noted. Forms in parentheses are dependent forms, used only following the negative, question, and subordination particles. There are separate dependent stem forms for **faigh** in the future tense and for **téigh** in the past.

	faigh/faighigí 'get, find'	**téigh/téigí** 'go'
Present	**faigh-**	**té-**
Past	**fuair**	**chuaigh (deachaigh)**
Future	**gheobh- (faigh-)**	**rach-**

Regular endings are added to these stems, except that for these two verbs the future endings are simply -aidh, without the f or ó characteristic of regular future forms. The past tense forms stand alone, except in the first-person-plural form of the Official Standard.

Faighim feoil ansin.	I get meat there.
Faigheann sí feoil ansin.	She gets meat there.
Fuaireamar/fuair muid feoil ansin.	We got meat there.
Gheobhaidh tú feoil ansin.	You'll get meat there.

Téim go Gaillimh go minic.	I go to Galway often.
Téann siad go Gaillimh go minic.	They go to Galway often.
Chuamar/chuaigh muid go Gaillimh.	We went to Galway.
Rachaidh mé go Gaillimh.	I will go to Galway.

Dependent forms of 'get' and 'go'

Dependent forms of these verbs show further irregularities. The present dependent forms of **faigh** are regular, with the usual mutations after the particles:

Ní fhaigheann siad feoil.	They don't get meat.
An bhfaigheann sibh feoil?	Do you get meat?
Sílim go bhfaigheann sí feoil ansin.	I think that she gets meat there.
Sílim nach bhfaigheann sí feoil.	I think she doesn't get meat.
Nach bhfaigheann sí feoil?	Doesn't she get meat?

Dependent past forms retain the stem **fuair**, but the mutation is always eclipsis, even after **ní**. The future dependent forms change the stem to *faigh-*, also with eclipsis everywhere, and the future ending -idh. Although the spelling is the same as for the present stem, the pronunciation is different in some dialects. (In Connemara, and Donegal, for example, the present stem is pronounced [fa:], but the future is [wi:]. In West Kerry the vowel is pronounced [ai] in both tenses.)

Ní bhfuair mé é.	I didn't get it.
An bhfuair tú é?	Did you get it?
Nach bhfuair tú é?	Didn't you get it?
Sílim go bhfuair sé é.	I think he got it.

Ní bhfaighidh tú é.	You won't get it.
An bhfaighimid é?	Will we get it?
Sílim nach bhfaighidh sibh é.	I think you won't get it.

Note that the regular particles **ní**, **an**, **go**, **nach** are used before irregular dependent past forms, rather than the particles ending in *r* that were introduced for regular past tense in Unit 13. The same holds for the irregular dependent past form of 'go'. For this verb, however, the mutations following the particles are like those of regular verbs; thus, the stem *deachaigh* is either lenited or eclipsed:

Ní dheachamar.	We didn't go.
An ndeachaigh tú?	Did you go?
Nach ndeachaigh siad?	Didn't they go?
Sílim go ndeachaigh sé.	I think that he went.

In the present and future tenses, dependent forms have the same stem, with regular mutations. Because *r* is unaffected by either mutation, the future stem is identical in all cases.

Ní théim.	I don't go.
An dtéann tú?	Do you go?
An rachaidh tú?	Will you go?
Sílim go rachaidh mé.	I think that I'll go.

'Come'

The verb 'come' also uses separate stem forms for each tense, and the singular imperative stem is distinct as well. There are no separate dependent forms after verbal particles, however, just regular mutations.

tar/tagaigí 'come'

Present	**tag-**
Past	**tháinig**
Future	**tioc-**

Tagaim anseo go minic.	I come here often.
An dtagann tú anseo go minic?	Do you come here often?
Thángamar inné.	We came yesterday.
Tháinig Brian freisin.	Brian came too.
Tiocfaidh sí amárach.	She will come tomorrow.
Ní thiocfaidh Mairéad.	Mairéad won't come.
Tar isteach!	Come in! (to one person)

Note the reduction of the second syllable of **tháinig**, when a suffix (such as *-mar*, in the third example above) is added, giving **tháng-**. Despite the irregular stem form, the regular past particles **ar**, **nár**, **gur** are used to introduce **tháinig** in the Caighdeán.

Níor tháinig tú.	You didn't come.
Ar tháinig tú?	Did you come?
Sílim gur tháinig siad.	I think they came.

However, in spoken Irish, the general forms **an**, **nach**, **go**, with eclipsis replacing lenition, are also found: **an dtáinig**, **go dtáinig**, **nach dtáinig** can be heard as well.

'Say' and 'bear'

Two other verbs, **abair** 'say' and **beir** 'bear, carry', also build all three tenses from separate stems (and the imperative is also distinct in the case of **abair**). The present and future stem forms look very similar, but the spelling difference represents a change in both vowel length and the final consonant, so they sound more distinct than they look:

	abair (sing.) **abraigí** (pl.) 'say'	**beir** 'bear, carry'
Present	**deir**	**beir-**
Past	**dúirt**	**rug**
Future	**déar-**	**béar-**

An additional irregularity of **abair** is that the present tense ending *-eann* is not used when there is a separate noun or pronoun subject. The personal endings *-im/-imid* may be used, but some speakers prefer separate pronouns even there.

Deir mé/Deirim	I say
Deir sé	He says
Dúirt tú	You said
Déarfaidh sí	She will say
Déarfaimid/Déarfaidh muid	We will say
Beirim	I carry
Beireann siad	They carry
Rug sé	He carried
Béarfaidh mé	I will carry

Idiomatic uses of beir

In the sense of 'carry' or 'take away', **beir** is often accompanied by the preposition **le**, agreeing in form with the subject. **Chuig** indicates the destination of the thing taken, and **ó** the source.

Beir leat an buidéal.	Take the bottle with you.
Rug mé an leabhar ón leabharlann.	I took the book from the library.

In reference to a competition, game or challenge, the same phrase can mean 'win', or 'excel'.

Rug siad an bua orainn.	They beat us.
Bhéarfadh sé leis ag an ollscoil.	He'd do well at university.

With the preposition **ar**, **beir** has the idiomatic meaning 'grasp, catch'.

Rug na gardaí ar an ngadaí.	The police caught the thief.
Beir ar an mála sin.	Grab that bag.

On its own, it can mean 'give birth' (or in the case of birds, 'lay an egg').

Rug sí cúpla.	She had (bore) twins.

Particles with 'say' and 'bear'

Beir follows the regular dependent particles, including those ending with *-r* in the past tense. **Deir**, on the other hand, uses the general particles **ní**, **an**, **go**, **nach** even with past tense verbs. Additionally, **deir** is never lenited, so **ní** has no effect on the verb in any tense. The other particles do cause eclipsis, though.

Ní deirim focal.	I don't say a word.
Ní deir sí focal.	She doesn't say a word.
Ní dúirt sé é sin.	He didn't say that.
Ní déarfaidh muid tada.	We won't say anything.
An ndéarfaidh tú rud léi?	Will you say something to her?
Deir sí go ndeir sé ...	She says that he says ...
Nach ndúirt tú é sin?	Didn't you say that?

Níor rug sí páiste riamh.	She never had a child.
Ní bheireann an chearc úd.	That hen doesn't lay.
Ní bhéarfaidh siad air.	They won't catch him.

Sílim go mbéarfaidh siad air.	I think they will catch him.
Ar rug síad bua?	Did they win?
Nach mbeireann an chearc?	Doesn't the hen lay?

Exercises

1 Convert the following sentences to questions.

    1 Rug na gardaí ar an ngadaí.
    2 Tagann Colm anseo 'chuile shamhradh.
    3 Ni dúirt sí focal as Gaeilge.
    4 Ní bhéarfaidh an chearc.
    5 Deir Tadhg nach dtiocfaidh sé Déardaoin.
    6 Rachaidh muid go dtí an teach tábhairne anocht.
    7 Faigheann siad pá maith.
    8 Chuaigh Séamas chuig an Aifreann.
    9 Ní bhfuair sibh aon deoch.
    10 Ní dheachaigh duine ar bith a chodladh go luath.
    11 Tiocfaidh siad arís i mbliana.
    12 Gheobhaidh mé an nuachtán.

2 Make the following sentences negative.

    1 Deir muintir Niamh nach dtagann sí abhaile sách minic.
    2 B'fhéidir go mbéarfaidh na cearca ár ndóthain uibheacha.
    3 Tar ar ais arís.
    4 Dúirt sibh gur thaitin an scannán libh.
    5 Tiocfaimid ar ais an tseachtain seo chugainn.
    6 Faigheann muid feoil ag an mbúistéir.
    7 Rachaidh sé abhaile.
    8 Téann an bus an bealach seo.
    9 Fuair siad airgead maith ar an seancharr.
    10 Tháinig Eoghan in am.
    11 Déarfaidh mé arís é.
    12 Chuaigh mé abhaile go luath.

3 Make subordinate clauses of the following sentences by placing them after **deir sé**. Remember that **go** must precede each verb.

    1 Béarfaidh a bhean anocht.
    2 Tiocfaidh an samhradh agus fásfaidh an féar.
    3 Tháinig go leor daoine aréir.
    4 Dúirt tú an freagra ceart.
    5 Téann na gasúir chuig an nGaeltacht gach samhradh.
    6 Chuaigh sibh chuig an amharclann le chéile.
    7 Gheobhaidh tú bronntanas ar do lá breithe.
    8 Fuair Caitríona an chéad duais.
    9 Ní bhfaighidh sibh mórán spóirt as an áit sin.

10 Ní dúirt sé drochfhocal.
11 Tagann siad 'chuile bhliain.
12 Ní théann siad ar saoire go minic.

4 Change the tense of the following verbs, to the tense appropriate to the adverb in parentheses, e.g.: Ceannaím bainne.

                inné: Cheannaigh mé bainne.
                amárach: Ceannóidh mé bainne.

  1 Tháinig an geimhreadh go luath.
     an bhliain seo chugainn:
     gach bliain:
  2 Beireann sibh air.
     inné:
     amárach:
  3 Rachaidh sé abhaile.
     go minic:
     inné:
  4 Deir sí an rud céanna.
     amárach:
     inné:
  5 Fuair siad béile anseo.
     go minic:
     amárach:

5 Change the tense and type of sentence according to the model shown.

Tiomáinim abhaile.
     amárach: Tiomáinfidh mé abhaile.
     (Neg-Q) go minic: Nach dtiomáinim abhaile?
     (Q) inné: Ar thiomáin mé abhaile?
     (Deir siad) inné: Deir siad gur thiomáin mé abhaile.

  1 Chuaigh sibh go Baile Átha Cliath.
     (Q) inné:
     (Deir sí) amárach:
     (Q) gach lá:
     (Neg) inné:
  2 Tiocfaidh siad anoir.
     (Neg-Q) inné:
     (Q) go minic:
     (Neg) amárach:
     (deir sí – neg):

3 Dúirt sí go bhfuil sí sásta:
   (Neg-Q) inné:
   amárach:
   (Q) anois:
   (Neg) inné:
4 Faigheann na gasúir éadaí nua.
   (Neg) amárach:
   (deir sí) go minic:
   (Q) amárach: inné:
5 Rachaidh sí go Sasana.
   (deir sí) amárach:
   (Q) go minic:
   inné:
   (Neg-Q) inné:

6 Translate.

   1 Will you go on holiday?
   2 Bríd said she got a new car.
   3 I never bore a child.
   4 Will you get breakfast there?
   5 We came home yesterday.
   6 Don't you go to Scotland each year?
   7 Did you go there last year?
   8 I'll say each word three times.
   9 Won't you come with us?
   10 Don't say a word.
   11 That girl went to school in Connemara.
   12 I'll get the drinks.
   13 She will have twins next month.
   14 Come in and sit down.
   15 We'll go in, get a newspaper, and come back.

Answers to exercises

1 1 Ar rug na gardaí ar an ngadaí? 2 An dtagann Colm anseo 'chuile
shamhradh? 3 Nach ndúirt sí focal as Gaeilge? 4 Nach mbéarfaidh an
chearc? 5 An ndeir Tadhg nach dtiocfaidh sé Déardaoin? 6 An rachaidh
muid go dtí an teach tábhairne anocht? 7 An bhfaigheann siad pá maith?
8 An ndeachaigh Séamas chuig an Aifreann? 9 Nach bhfuair sibh aon
deoch? 10 Nach ndeachaigh duine ar bith a chodladh go luath? 11 An
dtiocfaidh siad arís i mbliana? 12 An bhfaighidh mé an nuachtán?

2 1 Ní deir muintir Niamh nach dtagann sí abhaile sách minic. 2 B'fhéidir
nach mbéarfaidh na cearca ár ndóthain uibheacha. 3 Ná tar ar ais arís.
4 Ní dúirt sibh gur thaitin an scannán libh. 5 Ní thiocfaimid ar ais an
tseachtain seo chugainn. 6 Ní fhaigheann muid feoil ag an mbúistéir. 7
Ní rachaidh sé abhaile. 8 Ní théann an bus an bealach seo. 9 Ní bhfuair
siad airgead maith ar an seancharr. 10 Níor tháinig Eoghan in am. 11 Ní
déarfaidh mé arís é. 12 Ní dheachaigh mé abhaile go luath.

3 1 Deir sé go mbéarfaidh a bhean anocht. 2 Deir sé go dtiocfaidh an
samhradh agus go bhfásfaidh an féar. 3 Deir sé gur tháinig (go dtáinig)
go leor daoine aréir. 4 Deir sé go ndúirt tú an freagra ceart. 5 Deir sé go
dtéann na gasúir chuig an nGaeltacht gach samhradh. 6 Deir sé go
ndeachaigh sibh chuig an amharclann le chéile. 7 Deir sé go bhfaighidh
tú bronntanas ar do lá breithe. 8 Deir sé go bhfuair Caitríona an chéad
duais. 9 Deir sé nach bhfaighidh sibh mórán spóirt as an áit sin. 10 Deir
sé nach ndúirt sé drochfhocal. 11 Deir sé go dtagann siad 'chuile bhliain.
12 Deir sé nach dtéann siad ar saoire go minic.

4 1 Tháinig an geimhreadh go luath. An bhliain seo chugainn: Tiocfaidh
an geimhreadh go luath. Gach bliain: Tagann an geimhreadh go luath.
2 Beireann sibh air. Inné: Rug sibh air. Amárach: Béarfaidh sibh air.
3 Rachaidh sé abhaile. Go minic: Téann sé abhaile. Inné: Chuaigh sé
abhaile. 4 Deir sí an rud céanna. Amárach: Déarfaidh sí an rud céanna.
Inné: Dúirt sí an rud céanna. 5 Fuair siad béile anseo. Go minic:
Faigheann siad béile anseo. Amárach: Gheobhaidh siad béile anseo.

5 1 Chuaigh sibh go Baile Átha Cliath. (Q) inné: An ndeachaigh sibh go
Baile Átha Cliath? (Deir sí) amárach: Deir sí go rachaidh sibh go Baile
Átha Cliath. (Q) 'chuile lá: An dtéann sibh go Baile Átha Cliath? (Neg)
inné: Ní dheachaigh sibh go Baile Átha Cliath. 2 Tiocfaidh siad anoir.
(Neg-Q) inné: Nár tháinig siad anoir? or Nach dtáinig siad anoir? (Q)
go minic: An dtagann siad anoir? (Neg) amárach: Ní thiocfaidh siad anoir.
(Deir sí – neg) amárach: Deir sí nach dtiocfaidh siad anoir. 3 Dúirt sí go
bhfuil sí sásta: (Neg-Q) inné: Nach ndúirt sí go bhfuil sí sásta? Amárach:
Déarfaidh sí go bhfuil sí sásta. (Q) anois: An ndeir sí go bhfuil sí sásta?
(Neg) inné: Ní dúirt sí go bhfuil sí sásta. 4 Faigheann na gasúir éadaí nua.
(Neg) amárach: Ní bhfaighidh na gasúir éadaí nua. (Deir sí) go minic:
Deir sí go bhfaigheann na gasúir éadaí nua. (Q) amárach: An bhfaighidh
na gasúir éadaí nua? Inné: Fuair na gasúir éadaí nua. 5 Rachaidh sí go
Sasana. (Deir sí) amárach: Deir sí go rachaidh sí go Sasana. (Q) go minic:
An dtéann sí go Sasana? Inné: Chuaigh sí go Sasana. (Neg-Q) inné: Nach
ndeachaigh sí go Sasana?

6 1 An rachaidh tú (or sibh) ar saoire? 2 Dúirt Bríd go bhfuair sí carr
nua. 3 Níor rug mé páiste riamh. 4 An bhfaighidh tú bricfeasta ansin?

5 Thángamar (or tháinig muid) abhaile inné. 6 Nach dtéann tú (or sibh) go hAlbain gach bliain? 7 An ndeachaigh tú ansin anuraidh? 8 Déarfaidh mé gach focal trí huaire. 9 Nach dtiocfaidh tú linn? 10 Ná habair focal. 11 Chuaigh an cailín sin ar scoil i gConamara. 12 Gheobhaidh mé na deochanna. 13 Béarfaidh sí cúpla an mhí seo chugainn. 14 Tar isteach agus suigh síos (Plural: Tagaigí isteach agus suígí síos). 15 Rachaidh muid isteach, gheobhaidh muid nuachtán agus tiocfaidh muid díreach ar ais. Rachaimid . . . . . gheobhaimid . . . . . . agus tiocfaimid.

UNIT FIFTEEN
Irregular verbs II

The remaining irregular verbs are simpler than those just introduced; they are irregular in only one tense, although some have multiple irregularities.

'Do', 'see', and 'hear'

The verbs meaning 'do', 'see', and 'hear' are irregular only in the past tense. The present and future tenses use the imperative stem and behave entirely like regular first-conjugation verbs, described in Units 11–12. Only the past tense will be discussed here. Each verb uses a distinct past-tense stem for statements; 'do' and 'see' have separate dependent forms as well.

	déan 'do'	**feic** 'see'	**clois/cluin** 'hear'
Independent	**rinne**	**chonaic**	**chuala**
Dependent	**dearna**	**faca**	**chuala**

Like the irregular dependent forms for 'go' in the last unit, **dearna** and **faca** always follow verbal particles and thus always appear with either lenition or eclipsis, depending on the particle. As with all irregular dependent forms, the general particles rather than the regular past-tense particles in *r* are used, and therefore **ní** lenites and other particles cause eclipsis.

'do'

Rinne sí an obair.	She did the work.
Ní dhearna Caitlín é.	Caitlín didn't do it.
An ndearna tú é sin?	Did you do that?
Deir siad go ndearna siad é.	They say they did it.
Sílim nach ndearna sé an obair.	I think that he didn't do the work.

In some dialects, use of dependent forms is waning, so that **ní rinne**, **an rinne**, etc., are sometimes heard. This book will maintain the dependent/independent distinction for purposes of the exercises.

'see'

Chonaic mé Liam.	I saw Liam.
Ní fhaca mé Pól.	I didn't see Pól.
An bhfaca tú iad?	Did you see them?
Deir sé nach bhfaca sé thú.	He says that he didn't see you.
Sílim go bhfaca mé iad.	I think that I saw them.

'Hear' has two distinct imperative stems, both accepted as standard by the Caighdeán: **cluinim** or **cloisim** 'I hear'; **cluinfidh mé** or **cloisfidh mé** 'I will hear', etc. The choice of **cluin** or **clois** is regional. In the examples in this book, we will use **clois**, the form typical in most of County Galway. The past tense is similar to **tháinig** 'came' in having a different stem from the other tenses (**chuala**), but no separate dependent form. Like **tháinig**, it is negated with the particle **níor**, but questions and subordinate clauses may be formed either with the past-tense particles ending with *r* (the standard usage) or by the general particles and eclipsis (common colloquial alternatives):

'hear'

Níor chuala mé rud ar bith.	I didn't hear anything.
Ar chuala/an gcuala tú an scéal?	Did you hear the news?
Sílim gur chualamar é.	I think that we heard it.
Sílim go gcuala muid é.	I think that we heard it.
Nár chuala/Nach gcuala sibh é?	Didn't you hear it?

'Give'

The verb **tabhair** means 'give' and also in certain contexts 'take' or 'bring'. Its irregularity consists of the fact that the imperative stem **tabhair** forms the basis for the future tense (with broad final *r*), but the present and past tenses are formed from a different stem, **tug**, which is also used for the plural imperative, **tugaigí**.

Command	**Tabhair dom é.**	Give it to me.
	Tugaigí dom é.	Give (pl.) it to me.
Present	**Tugann sé dom é.**	He gives it to me.
Past	**Thug sé dom é.**	He gave it to me.
Future	**Tabharfaidh sé dom é.**	He will give it to me.

Standard forms of the particles are used, as for regular verbs, except that in the past tense, as with 'come' and 'hear', use of the eclipsing particles is an option alongside the standard past-tense forms with *r* and lenition. The stem doesn't change from statement form.

Níor thug sé dom é.	He didn't give it to me.
Ar thug/An dtug sé duit é?	Did he give it to you?
Nár thug/Nach dtug tú leat é?	Didn't you take it with you?
Sílim gur thug/go dtug sé leis é.	I think he took it with him.

Idioms with tabhair

When used to mean 'take' or 'bring' (context determines the appropriate interpretation), the preposition **le** often accompanies **tabhair**, with the prepositional pronoun form referring to the subject, like the usage of **beir** described previously. **Tabhair** is probably more common than **beir** these days.

Tabhair leat é.	Take it with you.
Tiocfaidh sí amárach agus tabharfaidh sí a hiníon léi.	She'll come tomorrow and will bring her daughter.

Tabhair is a very versatile verb, and many other idioms rely on it to convey what would be expressed by separate verbs in English. Some draw on the basic meaning of 'give', with a noun object; together the verb and noun convey the meaning of an English verb. In some examples, the combined verbal meaning is quite transparent from the component parts, in other cases less so.

tabhair cúnamh/cabhair (do dhuine)	help (someone)
tabhair cuairt (ar dhuine)	visit (someone)
tabhair aird (ar rud/duine)	pay attention (to)
tabhair suas (rud)	abandon (something)
tabhair ainm (ar dhuine)	call (someone) by a name
tabhair (rud) faoi deara	notice (something)

In other idioms, **tabhair** functions as an intransitive verb with adverbial or prepositional phrases, but no object noun:

tabhair amach (do dhuine)	scold (someone)
tabhair faoi (dhuine)	attack (someone)
tabhair faoi (+ verbal noun)	attempt (to do something)

Many other expressions with **tabhair** can be found in any dictionary; these are just some of the commonest ones.

Idioms with déan

Déan 'make' or 'do', is also used idiomatically with specific nouns to convey meanings that in English would require separate verbs. Simple verbs may also exist, but the idioms tend to be preferred.

déan dochar	harm
déan obair	work
déan deifir	hurry
déan aithris ar	imitate

Déan also combines with directional adverbs and prepositions for idiomatic meanings. Again, these are only a few examples among many that can be found in most dictionaries.

déan amach	conclude, figure out
déan as	take off, get away
déan ar (áit)	head for, approach
déan a bheag de (rud)	belittle (something)

'Eat': a reminder

One other verb is irregular only in the future. The stem of this verb for the imperative, present, and past tense forms is *ith* but the future stem is *íos-*, as described in Unit 12. It will be reviewed in some of the exercises below.

Exercises

1 Convert the following sentences to questions.

    1 Déanann sé a cuid éadaigh.
    2 Ní fhaca muid mórán daoine.
    3 Rinne sí an dinnéar in am.
    4 Chonaic siad Eoghan aréir.
    5 Ní thabharfaidh sí faoi deara é.
    6 Ní dhearna siad an obair go han-scioptha.
    7 Chuala muid an ceol sin cheana.
    8 Tabharfaidh tu póg dom.
    9 Cloisfidh sibh an ceol.
   10 Níor thug mo chol ceathar an leabhar sin don pháiste.
   11 Níor chuala tú an cheist.
   12 Thug an múinteoir amach do na páistí dána.

2 Negate the following sentences.

1 An gcloiseann tú an torann?
2 Thug sí a gasúr léi go hAlbain.
3 An dtabharfaidh siad rud aisteach mar sin faoi deara?
4 Íosfaidh muid ár ndinnéar go luath amárach.
5 Rinne tú obair mhaith.
6 Ar chuala tú an scéal?
7 Tabharfaidh muid faoin obair sin.
8 Chonaic mé mo mhuintir le gairid.
9 Feicfidh muid amárach thú.
10 An ndearna muid ár ndóthain?
11 Déanfaidh mé amárach é.
12 Feicimid Peige go minic.

3 Make subordinate clauses by placing **sílim go** before the following, with appropriate mutations or other changes.

1 Thug sé an t-airgead isteach ag an oifig.
2 Déanfaidh sé ar an oifig.
3 Chuala siad an scéal agus chreid siad é.
4 Chonaic mé scannán iontach ag an deireadh seachtaine.
5 Níor ith Páidín feoil ar chor ar bith.
6 Tabharfaidh siad Caoilfhionn ar a n-iníon.
7 Rinne sí deifir.
8 Ní fhaca sé rud ar bith.
9 Íosfaidh sibh píosa cáca.
10 Ní dhearna sé aon dochar.

4 Change the tense of the verb in each example, to match the adverbs provided.

1 D'ith mé bricfeasta mór.
      amárach:
      gach lá:
2 Cloiseann tú an ceol.
      amárach:
      aréir:
3 Feicim caora.
      inné:
      amárach:
4 Ní thugann sí aird orm.
      inné:
      amárach:

5 Déanann Máire an chócaireacht.
    amárach:
    inné:

5 Change the tense and sentence type according to the model shown.

    Siúlaim abhaile.
    amárach: Siúlfaidh mé abhaile.
    (Neg) go minic: Ní shiúlaim abhaile.
    (Neg-Q) i gcónaí: Nach siúlaim abhaile?
    (Q) inné: Ar shíuil mé abhaile?
    (deir sé) amárach: Deir sé go siúlfaidh mé abhaile.

1 Chuala mé an ceirnín.
    amárach:
    (Neg) go minic:
    (Neg-Q) amárach:
    (deir sé) inné:
2 Chonaic tú Mairéad.
    (Neg) go minic:
    amárach:
    go minic:
    (Q) inné:
3 Itheann Caitlín a bricfeasta.
    amárach:
    (Q) amárach:
    (Neg) gach lá:
    (deir sé Neg) amárach:
    (Neg-Q) gach lá:
4 Tugann sí an leabhar dhá cara.
    (Neg) inné:
    amárach:
    (Q) amárach:
    (Neg Q) inné:
5 Déanann sí deifir.
    amárach:
    (Neg) inné:
    (Neg Q) go minic
    (deir sé) inné:

6 Translate (review of all irregular verbs).

1 I see you but you don't see me.
2 They called me Áine.

3   Won't you eat another piece of cake?
4   Did anyone see my pen?
5   Do you know if they caught the thief?
6   Nuala gave up cigarettes.
7   Will you get a bottle of milk for me?
8   He says he heard the concert, but I didn't see him there.
9   It didn't do any harm.
10   Come home in the summer!
11   We'll go to Paris.
12   She didn't say that she got a new job, but she did (get one).
13   I'll get that for you.
14   Will you come with me?
15   We went to Russia last year, but we didn't go anywhere this year.

Answers to exercises

1   1 An ndéanann sé a cuid éadaigh? 2 Nach bhfaca muid mórán daoine?
3 An ndearna sí an dinnéar in am? 4 An bhfaca siad Eoghan aréir?
5 Nach dtabharfaidh sí faoi deara é? 6 Nach ndearna siad an obair go
han-scioptha? 7 Ar chuala muid an ceol sin cheana? (or An gcuala . . .).
8 An dtabharfaidh tu póg dom? 9 An gcloisfidh sibh an ceol? 10 Nár
thug mo chol ceathar an leabhar sin don pháiste? (or Nach dtug . . .).
11 Nár chuala tú an cheist? (or Nach gcuala . . .). 12 Ar thug an múinteoir
amach do na pháistí dána? (or An dtug . . .).

2   1 Nach gcloiseann tú an torann? 2 Níor thug sí a gasúr léi go hAlbain.
3 Nach dtabharfaidh siad rud aisteach mar sin faoi deara? 4 Ní íosfaidh
muid ár ndinnéar go luath amárach. 5 Ní dhearna tú obair mhaith. 6 Nár
chuala tú an scéal? 7 Ní thabharfaidh muid faoin obair sin. 8 Ní fhaca
mé mo mhuintir le gairid. 9 Ní fheicfidh muid amárach thú. 10 Nach
ndearna muid ár ndóthain? 11 Ní dhéanfaidh mé amárach é. 12 Ní
fheicimid Peige go minic.

3   1 Sílim gur thug sé an t-airgead isteach ag an oifig. (or . . . go dtug . . .).
2 Sílim go ndéanfaidh sé ar an oifig. 3 Sílim gur chuala siad an scéal agus
gur chreid siad é. (or . . . go gcuala . . .). 4 Sílim go bhfaca mé scannán
iontach ag an deireadh seachtaine. 5 Sílim nár ith Páidín feoil ar chor
ar bith. 6 Sílim go dtabharfaidh siad Caoilfhionn ar a n-iníon. 7 Sílim
go ndearna sí deifir. 8 Sílim nach bhfhaca sé rud ar bith. 9 Sílim go
n-íosfaidh sibh píosa cáca. 10 Sílim nach ndearna sé aon dochar.

4   1 D'ith mé bricfeasta mór. Amárach: Íosfaidh mé bricfeasta mór. Gach
lá: Ithim bricfeasta mór. 2 Cloiseann tú an ceol. Amárach: Cloisfidh tú

an ceol. Aréir: Chuala tú an ceol. 3 Feicim caora. Inné: Chonaic mé caora. Amárach: Feicfidh mé caora. 4 Ní thugann sí aird orm. Inné: Níor thug sí aird orm. Amárach: Ní thabharfaidh sí aird orm. 5 Déanann Máire an chócaireacht. Amárach: Déanfaidh Máire an chócaireacht. Inné: Rinne Máire an cocaireacht.

5 1 Chuala mé an ceirnín. Amárach: Cloisfidh mé an ceirnín. (Neg) go minic: Ní chloisim an ceirnín. (Neg-Q) amárach: Nach gcloisfidh mé an ceirnín? (Deir sé) inné: Deir sé gur chuala (or . . . go gcuala) mé an ceirnín. 2 Chonaic tú Mairéad. (Neg) go minic: Ní fheiceann tú Mairéad. Amárach: Feicfidh tú Mairéad. Go minic: Feiceann tú Mairéad. (Q) inné: An bhfaca tú Mairéad? 3 Itheann Caitlín a bricfeasta. Amárach: Íosfaidh Caitlín a bricfeasta. (Q) amárach: An íosfaidh Caitlín a bricfeasta? (Neg) gach lá: Ní itheann Caitlín a bricfeasta. (Deir sé Neg) amárach; Deir sé nach n-íosfaidh Caitlín a bricfeasta. (Neg-Q) gach lá: Nach n-itheann Caitlín a bricfeasta? 4 Tugann sí an leabhar dhá cara. (Neg) inné: Níor thug sí an leabhar dá cara. Amárach: Tabharfaidh sí an leabhar dá cara. (Q) amárach: An dtabharfaidh sí an leabhar dá cara? (Neg Q) inné: Nár thug (or Nach dtug) sí an leabhar dá cara? 5 Déanann sí deifir. Amárach: Déanfaidh sí deifir. (Neg) inné: Ní dhearna sí deifir. (Neg Q) go minic: Nach ndéanann sí deifir? (Deir sé) inné: Deir sé go ndearna sí deifir.

6 1 Feicim thú ach ní fheiceann tú mé. 2 Thug siad Áine orm. 3 Nach n-íosfaidh tú píosa eile cáca? 4 An bhfaca duine ar bith mo pheann? 5 An bhfuil a fhios agat ar rug siad ar an ngadaí? 6 Thug Nuala suas toitíní. 7 An bhfaighidh tú buidéal bainne dom? 8 Deir sé gur chuala (or . . . go gcuala . . .) sé an cheolchoirm, ach ní fhaca mé ansin é. 9 Ní dhearna sé aon dochar. 10 Tar abhaile sa samhradh! 11 Rachaidh muid go Páras. (or Rachaimid . . .). 12 Ní dúirt sí go bhfuair sí post nua, ach fuair. 13 Gheobhaidh mé é sin duit. 14 An dtiocfaidh tú liom? 15 Chuaigh muid (or Chuamar) go dtí an Rúis anuraidh, ach ní dheachaigh muid (or . . . ní dheachamar) áit ar bith i mbliana.

UNIT SIXTEEN
The verb **bí**

The final irregular verb is **bí**. This is one of two words that cover the functions of English 'be'; the other will be taken up in the next unit. **Bí** is the imperative form; its plural is **bígí**.

Present tense

The present tense of **bí** has the independent form **tá** and dependent form **fuil**, which is eclipsed after **an**, **nach**, **go**. **Ní** contracts with **fhuil** (*fh* being unpronounced) and is written **níl**, giving

Tá sé tinn.	He is sick.
Níl sé tinn.	He is not sick.
An bhfuil sé tinn?	Is he sick?
Nach bhfuil sé tinn?	Isn't he sick?
Sílim go bhfuil sé tinn.	I think that he is sick.
Sílim nach bhfuil sé tinn.	I think that he isn't sick.

In some dialects, including the Caighdeán, the subjects 'I' and 'we' may be marked by endings; other dialects use separate pronouns:

Táim tinn/Tá mé tinn.	I am sick.
Táimid tinn/Tá muid tinn.	We are sick.

The present tense of **bí** can also signal a state that started in the past and continues into the present. A time frame is usually mentioned in these cases, where English uses the form 'have been'.

An bhfuil tú i bhfad in Éirinn?	Have you been in Ireland long?
Tá mé bliain ag obair anseo.	I've been working here for a year.

Past tense

The past tense has an irregular dependent form. The independent form is created regularly by leniting the imperative stem **bí**. The dependent form **raibh** is used after all particles.

Bhí sé tinn.	He was sick.
Ní raibh sé tinn.	He wasn't sick.
An raibh sé tinn?	Was he sick?
Deir sé go raibh sé tinn.	He says he was sick.

Future tense

The future stem of **bí** is **beidh**. Dependent particles cause regular mutations.

Beidh sé tinn.	He will be sick.
Ní bheidh sé tinn.	He won't be sick.
An mbeidh sé tinn?	Will he be sick?
Nach mbeidh sé tinn?	Won't he be sick?
Sílim go mbeidh sé tinn.	I think that he will be sick.
Sílim nach mbeidh sé tinn.	I think that he won't be sick.

Sentences with bí

Sentences with **bí** indicate existence, location, or description of the subject of the sentence. As described in Unit 2, the verb + subject must always be followed by a third element, either an adjective, a location adverb or a prepositional phrase. Combinations of these elements are also possible as shown:

Tá an leabhar ar an mbord ansiúd.	The book is on the table over there.
Bhí sí sásta leis an leabhar.	She was satisfied with the book.

Sentences using **ag** to express possession (cf. Unit 24) fit this pattern.

Tá leabhar maith ag Muiris.	Muiris has a good book.

Additionally, **ag** plus a verb form can fill the third position after **bí**, making a sentence like the English progressive. These structures will be covered in Unit 19.

Tá siad ag obair.	They are working.

For sentences in which 'be' links two nouns, such as 'My brother is a priest', or 'You're the boss', Irish uses a different structure, to be introduced in Unit 17.

Predicate adjectives and modifiers

Adjectives appearing in the third position of a **bí** sentence are known as 'predicate adjectives'; their role in the sentence is to assert that the characteristic specified by the adjective belongs to the subject noun. In the following examples, the three parts of the sentence are separated by slashes.

Tá/an leanbh/tinn.	The baby is sick.
Tá/mé/tuirseach.	I am tired.
Tá/Brian/saibhir.	Brian is rich.

In contrast, when adjectives modify a noun, they form a unit with it: **an gasúr tinn** 'the sick child', **duine saibhir** 'a rich person', and such longer phrases can also be subjects of **bí** (or any verb). When an adjective is part of the subject phrase, the point of the sentence is not to specify that the person (or thing) has the property of the adjective. Rather, the quality is assumed, and something else is said about that entity.

Tá/fear saibhir/ag an doras.	A rich man is at the door.
Tá/leabhar mór/ag Brian.	Brian has a big book.
Bhí/an leanbh tinn/ag gol.	The sick baby was crying.

Here, the new information is not that the man is rich, but rather where he is; not the size of the book, but who has it; not that the baby is sick but that it's crying. The wealth, size, sickness are just background information that helps identify which man, book, or baby the speaker is talking about.

In English, the position of the adjective is different in the two uses, but because in Irish it follows the noun in both cases, its function is not obvious from word order alone. Both a predicate and a modifying adjective may occur in the same sentence; the different functions in the next example are again signalled by slashes:

Tá/an leanbh tinn/cantalach.	The sick baby is cranky.

This distinction has several grammatical consequences:

- The adverb **ann** is needed to fill the third position when an adjective is part of the subject phrase, but not when it is a predicate.

Tá/leaba chompordach/ann.	There is a comfortable bed (there).
Tá/an leaba/compordach.	The bed is comfortable.

- As shown above, adjectives change form in the same phrase with a feminine noun. This will be covered in detail in Unit 21.
- A small set of adjectives, described below, take an extra particle when used as predicates, but not within a modifying phrase.

Evaluative adjectives

Several adjectives expressing evaluative judgements have different modifier and predicate forms. **Maith** 'good, well' will serve as an example. Within a noun phrase, it is like any other adjective; it follows the noun it describes, is lenited if the noun is feminine, and agrees for plurality as well:

Tá/fear maith/anseo.	There is a good man here.
Tá/bean mhaith/anseo.	There is a good woman here.
Tá/daoine maithe/anseo.	There are good people here.

But in predicate position, not only is there no agreement, but the adjective is generally preceded by the particle **go**.

Tá/an bia/go maith.	The food is good. (masc.)
Tá/an deoch/go maith.	The drink is good. (fem.)

Other adjectives in this class are listed below:

deas	nice
breá	fine
aoibhinn	pleasant
álainn	beautiful
iontach	wonderful
dona	bad
olc	evil, bad, nasty

Go does not cause lenition of any consonants, but prefixes *h* to adjectives beginning with a vowel:

Tá tú go hálainn.	You are beautiful.
	(compare **bean álainn** 'a beautiful woman')
Tá sé sin go hiontach!	That's wonderful!
	(compare **obair iontach** 'wonderful work')

Exercises

1 Make the verb 'be' in following sentences negative.

   1 Tá muintir Eoghain i gConamara.
   2 An bhfuil leabharlann ansiúd?
   3 Deir sé go bhfuil siad go deas.
   4 Bhí an iomarca daoine ag an bhfeis.
   5 An mbeidh do chairde anseo amárach?
   6 Sílim go raibh báisteach ann aréir.
   7 Beidh mo mháthair tuirseach.
   8 An raibh an scannán go hiontach?
   9 Bhí gach duine compordach.
  10 Beidh Conchúr i nGaillimh.

2 Make questions of the following sentences.

   1 Tá siad ann anois.
   2 Bhí na léachtóirí sásta.
   3 Níl duine ar bith anseo.
   4 Beidh Bríd agus Máirtín i Sasana.
   5 Ní bheidh ceol anseo ag an deireadh seachtaine.
   6 Tá deoch ag 'chuile dhuine.
   7 Bhí tú ar saoire i gCeanada.
   8 Tá Bríd ag éisteacht leis an gceol.
   9 Níl a fhios agat cá bhfuil tú.
  10 Ní raibh Áine sásta ach oiread.

3 Change the tense to fit the adverb provided.

   1 Bhí Baile Átha Cliath go hiontach.
      anois:
      amárach:
   2 An bhfuil tú tinn?
      amárach:
      inné:
   3 Ní raibh Peadar sásta leis an múinteoir.
      amárach:
      anois:
   4 Níl duine ar bith ann.
      inné:
      amárach:
   5 Bhí mé i gConamara.
      amárach:
      inné:

6   Bhíomar ag an teach céanna.
    anois:
    amárach:

7   Ní raibh mise ann ach oiread.
    amárach:
    anois:

8   An bhfuil an bia go deas?
    inné:
    amárach:

9   Nach raibh mé go maith, a Mhaime?
    anois:
    amárach:

10   Bhí siad réasúnta saor.
    amárach:
    anois:

11   Níl feoil mhaith ag an mbúistéir seo.
    inné:
    amárach:

12   Bhí go leor daoine anseo ach níl mórán ann anois.
    Inné ... amárach:
    anois ... inné:

13   Beidh an geimhreadh agus an samhradh go deas anseo.
    anuraidh:
    anois:

14   An bhfuil Bríd bhocht tinn?
    inné:
    anois:

15   Tá sé fuar anseo arís!
    amárach:
    inné:

4   Add **ann** where necessary to complete the sentence. If the sentence is complete without **ann**, just add punctuation.

1   Tá Seán saibhir ach níl sé go deas
2   Tá bia ar an mbord; an bhfuil deoch ar bith
3   Níl duine ar bith ag an óstán anois, ach beidh go leor amárach
4   Bhí féile an tseachtain seo caite
5   Deir siad nach bhfuil mórán sneachta anseo
6   Níl lampa anseo, ach tá cathaoir
7   Bhí timpiste agam aréir
8   Beidh muid ag obair
9   Bhí múinteoirí anseo, ach ní raibh duine eile
10   Nach bhfuil Máirtín ná duine ar bith

11 Tá an chathaoir compordach
12 Tá an chathaoir chompordach

5 Make a single sentence of the following by making the predicate adjective in the second sentence modify the subject noun. E.g.:

Feicim bean. Tá sí go maith. → Feicim bean mhaith.
Feicim fear. Tá sé go maith → Feicim fear maith.

1 Feicim teach. Tá sé go hálainn.
2 Feicim bó. Tá sí mór.
3 Feicim buachaill. Tá sé dána.
4 Feicim múinteoir. Tá sé tuirseach.
5 Feicim páirc. Tá sí go breá.
6 Feicim deoch. Tá sí blasta.
7 Feicim banaltra. Tá sí bocht.
8 Feicim ollamh. Tá sé go deas.
9 Feicim seomra. Tá sé búi.
10 Feicim tine. Tá sí te.

6 Convert the following sentences to two, by removing the adjective which modifies the noun to a separate sentence with **bí** and making necessary changes. E.g.: Tá bean mhaith ann. → Tá bean ann. Tá sí go maith.

1 Tá fuinneog mhór ann.
2 Tá crann deas in aice leis an teach.
3 Tá Gaeltacht bheag ansin.
4 D'ól mé deoch mhaith.
5 Bhí dráma iontach ansin.
6 Cheannaigh Peige gúna daor.
7 Bhí leaba chómpordach sa seomra sin.
8 Bhí bia fuar againn.
9 Gheobhaidh tú pionta maith anseo.
10 Tá páistí dána ag na daoine sin.

Answers to exercises

1 1 Níl muintir Eoghain i gConamara. 2 Nach bhfuil leabharlann ansiúd? 3 Deir sé nach bhfuil siad go deas. 4 Ní raibh an iomarca daoine ag an bhfeis. 5 Nach mbeidh do chairde anseo amárach? 6 Sílim nach raibh báisteach ann aréir. 7 Ní bheidh mo mháthair tuirseach. 8 Nach raibh an scannán go hiontach? 9 Ní raibh gach duine compordach. 10 Ní bheidh Conchúr i nGaillimh.

2   1 An bhfuil siad ann anois? 2 An raibh na léachtóirí sásta? 3 Nach bhfuil duine ar bith anseo? 4 An mbeidh Bríd agus Máirtín i Sasana? 5 Nach mbeidh ceol anseo ag an deireadh seachtaine? 6 An bhfuil deoch ag 'chuile dhuine? 7 An raibh tú ar saoire i gCeanada? 8 An bhfuil Bríd ag éisteacht leis an gceol? 9 Nach bhfuil a fhios agat cá bhfuil tú? 10 Nach raibh Áine sásta ach oiread?

3   1 Bhí Baile Átha Cliath go hiontach. Anois: Tá Baile Átha Cliath go hiontach. Amárach: Beidh Baile Átha Cliath go hiontach. 2 An bhfuil tú tinn? Amárach: An mbeidh tú tinn? Inné: An raibh tú tinn? 3 Ní raibh Peadar sásta leis an múinteoir. Amárach: Ní bheidh Peadar sásta leis an múinteoir. Anois: Níl Peadar sásta leis an múinteoir. 4 Níl duine ar bith ann. Inné: Ní raibh duine ar bith ann. Amárach: Ní bheidh duine ar bith ann. 5 Bhí mé i gConamara. Amárach: Beidh mé i gConamara. Inné: Bhí mé i gConamara. 6 Bhíomar ag an teach céanna. Anois: Táimid ag an teach céanna. Amárach: Beimid ag an teach céanna. 7 Ní raibh mise ann ach oiread. Amárach: Ní bheidh mise ann ach oiread. Anois: Nílimse/Níl mise ann ach oiread. 8 An bhfuil an bia go deas? Inné: An raibh an bia go deas? Amárach: An mbeidh an bia go deas? 9 Nach raibh mé go maith, a Mhaime? Anois: Nach bhfuil mé go maith, a Mhaime? Amárach: Nach mbeidh mé go maith, a Mhaime? 10 Bhí siad réasúnta saor. Amárach: Beidh siad réasúnta saor. Anois: Tá siad réasúnta saor. 11 Níl feoil mhaith ag an mbúistéir seo. Inné: Ní raibh feoil mhaith ag an mbúistéir seo. Amárach: Ní bheidh feoil mhaith ag an mbúistéir seo. 12 Bhí go leor daoine anseo ach níl mórán ann anois. Inné . . . amárach: Bhí go leor daoine anseo inné, ach ní bheidh móran ann amárach. Anois . . . inné: Tá go leor daoine anseo anois, ach ní raibh mórán ann inné. 13 Beidh an geimhreadh agus an samhradh go deas anseo. Anuraidh: Bhí an geimhreadh agus an samhradh go deas anseo. Anois: Tá an geimhreadh agus an samhradh go deas anseo. 14 An bhfuil Bríd bhocht tinn? Inné: An raibh Bríd bhocht tinn? Anois: An bhfuil Bríd bhocht tinn? 15 Tá sé fuar anseo arís! Amárach: Beidh sé fuar anseo arís! Inné: Bhí sé fuar anseo arís!

4   1 Tá Seán saibhir ach níl sé go deas. 2 Tá bia ar an mbord; an bhfuil deoch ar bith <u>ann</u>? 3 Níl duine ar bith ag an óstán anois, ach beidh go leor <u>ann</u> amárach. 4 Bhí féile <u>ann</u> an tseachtain seo caite. 5 Deir siad nach bhfuil mórán sneachta anseo. 6 Níl lampa anseo, ach tá cathaoir <u>ann</u>. 7 Bhí timpiste agam aréir. 8 Beidh muid ag obair. 9 Bhí múinteoirí anseo, ach ní raibh duine eile <u>ann</u>. 10 Nach bhfuil Máirtín ná duine ar bith <u>ann</u>. 11 Tá an chathaoir compordach. 12 Tá an chathaoir chompordach <u>ann</u>.

5   1 Feicim teach álainn. 2 Feicim bó mhór. 3 Feicim buachaill dána. 4 Feicim múinteoir tuirseach. 5 Feicim páirc bhreá. 6 Feicim deoch bhlasta.

7 Feicim banaltra bhocht. 8 Feicim ollamh deas. 9 Feicim seomra búi. 10 Feicim tine the.

6 1 Tá fuinneog ann. Tá sí mór. 2 Tá crann in aice leis an teach. Tá sé go deas. 3 Tá Gaeltacht ansin. Tá sí beag. 4 D'ól mé deoch. Bhí sí go maith. 5 Bhí dráma ansin. Bhí sé go hiontach. 6 Cheannaigh Peige gúna. Bhí sé daor. 7 Bhí leaba sa seomra sin. Bhí sí compordach. 8 Bhí bia againn. Bhí sé fuar. 9 Gheobhaidh tú pionta anseo. Beidh sé go maith. 10 Tá páistí ag na daoine sin. Tá siad dána.

UNIT SEVENTEEN
The copula **is**

As noted previously, the verb **bí** (sometimes called the 'substantive verb') generally cannot link two nouns in sentences such as 'I am Bridget' or 'Tim is a doctor'. This type of construction is the domain of the copula, **is**.

The copula is sometimes called a defective verb, because it lacks the tense distinctions of other verbs. It functions more like a particle attached to the beginning of another word. Unlike ordinary verbs, it is never stressed, can be omitted, and never occurs alone without something following it. In effect, the copula makes a predicate of whatever it attaches to, linking it to the subject. Sentences formed with **is** are quite different from those with ordinary verbs, including **bí**.

Forms of the copula

The copula is never conjugated for different subjects; all parts of the sentence are expressed by separate words. It also has only two tense forms. **Is** is used for present (occasionally, future) meaning, and **ba** (with lenition of a following consonant) is used for past and conditional meanings.

Present/future	**Is múinteoir mé.**	I am a teacher.
Past/conditional	**Ba mhúinteoir é.**	He was/would be a teacher.

When it is crucial to distinguish time reference, a special construction consisting of **bí** and a prepositional phrase can be used (see Unit 18 for more detail).

Tá mé i mo mhúinteoir.	I am a teacher (lit. I am in my teacher).
Beidh siad ina múinteoirí.	They will be teachers.

Most standard question and negative particles used with the copula are the same in form as the particles for all verbs, but instead of preceding the copula, they replace or include it. Thus, in contexts where the copula is required, **ní** means 'is not', **an** means 'is?', **nach** means 'isn't?' To introduce a subordinate clause with a copula, **gur** (instead of **go**) is used. The copula forms of these particles do not cause lenition or eclipsis in the present tense.

Ní feirmeoir é.	He is not a farmer.
Ní iascaire é ach oiread.	He's not a fisherman either.
An dochtúir thú?	Are you a doctor?
Nach múinteoir í do mháthair?	Isn't your mother a teacher?
Deir sí gur múinteoir í.	She says that she's a teacher.

In spoken Irish, there is a good deal of variation in the forms of the copula particles. For example, in Connacht dialects, the question particle may take the form **ar**; before a vowel it appears as **ab**, and **gur** appears as **gurb**:

Ab innealtóir thú?	Are you an engineer?
Deir Pádraig gurb innealtóir é.	Pádraig says he's an engineer.

With **ba**, the official standard forms of the negative, question, and subordinate copula are **níor, ar, nár,** and **gur**, and before vowels **níorbh, arbh, nárbh,** and **gurbh**. In some spoken varieties, they also may appear as **ní ba, an mba, nach mba,** and **go mba** instead.

Ar mhaith leat tae?	
An mba mhaith leat tae?	} Would you like tea?
Deir sé gur (or go mba) mhaith leis caife.	He says he'd like coffee.

Standard forms will be used for consistency in subsequent lessons, but it is important to be aware of the variations and learn to recognize them, as they are quite frequent.

Uses of the copula

In addition to linking nouns, the copula may also introduce an adjective or prepositional phrase in some idiomatic usages. In all cases, the structures differ from other sentence patterns of the language.

Class membership

To classify individuals as members of a set, or class, of individuals, the copula precedes an indefinite (non-specific) noun or phrase which names the class and functions in place of a verb. The subject, the individual identified as a member of the class, comes last. Subject pronouns are not the usual forms but rather forms without the initial *s*: **é, í, iad** (see Unit 22 for further discussion). If the subject is a noun or noun phrase, a pronoun of matching gender and number precedes it in some dialects, but not in others. For example:

Is siopa é sin.	That is a shop.
Is dochtúir í.	She is a doctor.
Is múinteoir (é) Séamas.	Séamas is a teacher.
Is múinteoirí (iad) mo thuismitheoirí.	My parents are teachers.
Is leabhar maith (é) *Cré na Cille*.	*Cré na Cille* is a good book.

Adjective modifiers

When the predicate noun is modified, as in the last example, the order of noun and adjective can be switched, placing a definite article between them. This has the effect of shifting the emphasis to the description (it is assumed we know that *Cré na Cille* is a book; the speaker is focusing on its quality).

Is maith an leabhar é *Cré na Cille*.	*Cré na Cille* is a *good* book.
Is maith an ceoltóir é Máirtín.	Máirtín is a good musician.
Is deas an bhean í Áine.	Áine is a nice woman.

This usage is most frequent with adjectives expressing evaluations.

Equation

In other sentences, **is** links two nouns or phrases with specific reference (names, pronouns, nouns with a possessor or definite article) and signals that the two phrases refer to the same individual. In these sentences, one can think of **is** as functioning rather like an equal sign (=) linking the elements separated by slashes in the examples:

Is/mise/Caitlín.	I am Caitlin.
An/tusa/bean an tí?	Are you the landlady?
Is/éTomás/mo dheartháir.	Tomás is my brother.
Is/íBríd/an bhanaltra.	Bríd is the nurse.

Only a pronoun can immediately follow the equational copula. Any noun following **is** must be preceded by a simple pronoun of matching gender and number, as above. This extra pronoun adds no meaning, but is merely a grammatical requirement of **is**.

The word order of equational sentences does not always follow the predicate–subject order of the classification sentences. Usually, if one of the two individuals linked is expressed by a stressed pronoun (two syllables or reinforced with **féin** 'self', see Unit 22), that pronoun comes first, as above. If there is no stressed pronoun, but a proper name, that (along with the agreement pronoun) comes first.

An unstressed pronoun subject (referring to someone mentioned previously) always comes last. In the following example, it is the final **iad** that equates to 'they' in the English translation. The first **iad**, the required pronoun described above, isn't translated.

> **An bhfeiceann tú na buachaillí sin? Is iad mo ghasúir iad.**
> Do you see those boys? They are my children. (**Iad** = **na buachaillí** from the first sentence.)

If two common noun phrases are linked, the first is usually interpreted as the new information of the sentence. Thus, the first sentence below can be taken to answer the implicit question 'Which person is the teacher?'

> **Is é an sagart an múinteoir.**   The priest is the teacher.

The opposite order answers the question 'Which person is the priest?'

> **Is é an múinteoir an sagart.**   The teacher is the priest.

In contrast, sentences like **Is mise Caitlín** could be used to answer either 'Who are you?' or 'Who (which one) is Caitlín?'

Adjective and prepositional predicates

In certain cases, **is** can be followed by an adjective predicate. This usage varies in frequency across dialects and individuals.

> **Is deas é sin!**   That's nice.
> **Is fíor sin.**   That's true.
> **Is deacair a rá.**   It's difficult to say.

This is a vestige of older forms of the language which always used the copula with adjective predicates. It is now of limited use, and the structures with **bí** (Unit 16) are more common in colloquial language.

Some idioms use prepositional phrases following a copula. Common examples include expressions of ownership, origin:

> **Is le hEilís an leabhar seo.**   This book belongs to Eilís.
> **Is as an bhFrainc é Pierre.**   Pierre is from France.

Omission of the copula

In the present tense, **is** is frequently omitted, although it is still understood.

Iascaire é.	He's a fisherman.
Mise an múinteoir.	I'm the teacher.
Maith an cailín thú.	You're a good girl.
As Meireacá í.	She's from America.

If an extra pronoun would be required after the copula, that too is omitted:

Seán an bainisteoir.	Seán is the manager.

More often, however, in these sentences the copula is not omitted, but contracts with the pronoun to **'sé, 'sí, 'siad**.

'Sé Seán an bainisteoir.	Seán is the manager.

Answering questions

As described in Unit 13, answers to yes–no questions are formed by repeating the verb. Copula sentences are more complex, since the copula cannot stand alone. Answer forms are slightly different for each type of sentence.

Since the copula in equational sentences is always followed by a pronoun (see above), that pronoun is used with the copula to answer questions of the yes-or-no type. **Is** usually contracts to **'s** before vowels.

An í sin do dheirfiúr?	Is that your sister?
Ní hí. Is í mo chol ceathar í.	No, she's my cousin.
An iad sin do pháistí?	Are those your children?
'Siad (= is iad)	Yes.
An tusa an rúnaí?	Are you the secretary?
Is mé.	Yes
Ní mé.	No.

Classifying sentences are answered by attaching a special pronoun, **ea**, to the copula, giving **is ea**, contracted to **'sea**, or in the negative, **ní hea**.

An aisteoir é?	Is he an actor?
'Sea.	Yes.
An mac léinn thú?	Are you a student?
Ní hea.	No.

Note that **ní** prefixes an *h* to pronouns (also **ní hé, ní hí, ní hiad**), but not to nouns.

Questions with adjective and preposition predicates are usually answered with **'sea/ní hea** too, but an adjective may be repeated instead:

An as Sasana thú?	Are you from England?
Ní hea. As an Astráil.	No, from Australia.
Nach breá an lá é?	Isn't it a nice day?
'Sea.	} Yes.
Is breá.	

Phrases indicating ownership with **le**, also repeat the prepositional phrase in answers rather than using **'sea**:

An leatsa an carr sin?	Is that car yours?
Is liom.	Yes.
Ní liom.	No.

Exercises

1 Make the following sentences negative.

   1   Is ceist mhaith í sin.
   2   Is mise Peige Ní Lochlainn.
   3   An as an áit seo iad?
   4   Is Gaeltacht í an áit sin.
   5   Ba bhean dheas í Bríd.
   6   Is páiste í Caitlín.
   7   An tusa an múinteoir?
   8   Is í Bairbre mo dheirfiúr.
   9   Is deacair an teanga í an Ghaeilge.
  10   Is deas an léine í sin.
  11   Is liomsa an carr gorm.
  12   B' iontach an scéal é!
  13   Is é Pádraig an cathaoirleach.
  14   An banaltra thú?
  15   Is duine saibhir é Máirtín.

2 Convert the following sentences to questions.

   1   Is tusa bean an tí.
   2   Is scoil náisiúnta í Scoil Chaitríona.
   3   Ní feirmeoir é d'athair.
   4   Is í Nuala í.
   5   B'é a huncail an sagart paróiste.

6 Is innealtóir é Seán.
7 Is leatsa an siopa éadaí.
8 Is as an bhFrainc iad na fir sin.
9 Ní dochtúir thú.
10 Is deas an tír í an Spáinn.
11 Ní hé sin Páidín.
12 Níor mhór an trua é.
13 Ba dhochtúir é.
14 Is múinteoir é Daithí.
15 Is é Pádraig an cathaoirleach.

3 Write both a 'yes' and a 'no' answer to the following questions.

1 Nach sibhse na múinteoirí?
2 An í sin d'oifig?
3 An as Contae Mhaigh Eo í Pádraigín?
4 An Éireannaigh sibh?
5 An é sin teach do mhuintire?
6 An leatsa an mála seo?
7 Arbh í Bríd Ní Mháille do mháthair?
8 An lá saoire é an lá amárach?
9 Nár bhreá an oíche an oíche aréir?
10 An tusa an ceannaire?
11 An é Peadar an buaiteoir?
12 An asal é sin?
13 Nach le Séamas an t-airgead?
14 Nach deas an duine é Niall?
15 An aisteoir thú?

4 Make each sentence subordinate to the phrase which follows it, changing the form of the copula to the appropriate subordinate clause form (**gur[bh], nach, nár[bh] an**, etc.).

1 Is í Cáit mo chomharsa bhéal dorais.
   Deir sé _____
2 Is Gaeltacht mhór í an Cheathrú Rua.
   Sílim _____
3 Ní mise Mairéad.
   Tá mé ag rá _____
4 An é sin teach an phobail?
   Fiafraigh den gharda _____
5 Is as Conamara í.
   Deir sí _____

6   B'é sin an t-ospidéal fadó.
Sílim _____

7   Ar sibhse cairde Phádraig?
Níl mé cinnte _____

8   Ní liomsa an seancharr úd.
Tá áthas orm _____

9   An búistéirí iad?
Níl a fhios agam_____

10 Ba dhochtúr a athair.
Deir sé _____

11 Is breá é do theach!
Sílim _____

12 Níorbh as Éirinn ar chor ar bith é.
Tá mé cinnte _____

5   Change the word order of the noun and adjective for emphasis, following the model.

Is lá breá é an lá inniu. → Is breá an lá é an lá inniu.

1   Is fear deas é Breandán.
2   Is trua mhór é sin.
3   Ba scéal iontach é.
4   Is teanga deacair í an tSínis.
5   Nach bean álainn í Áine?
6   Is aimsir bhreá í seo.
7   Is ceoltóir maith thú.
8   B'fhear aisteach é Séamaisín.
9   Nach cailín maith í Orla?
10 Is radharc breá é sin, nach ea?

6   Translate into Irish.

1   Síle is an engineer.
2   This is my house.
3   Aren't you a good girl?
4   Liam says his father was an actor.
5   I am the French teacher.
6   He's not a bad person.
7   Is that bag yours?
8   Wasn't that a strange story?!
9   Is Máirín your daughter or is she Nuala's?
10 Donncha is not a fisherman.

Answers to exercises

1 1. Ní ceist mhaith í sin. 2 Ní mise Peige Ní Lochlainn. 3 Nach as an áit seo iad? 4 Ní Gaeltacht í an áit sin. 5 Níor bhean dheas í Bríd. 6 Ní páiste í Caitlín. 7 Nach tusa an múinteoir? 8 Ní hí Bairbre mo dheirfiúr. 9 Ní deacair an teanga í an Ghaeilge. 10 Ní deas an léine í sin. 11 Ní liomsa an carr gorm. 12 Níorbh iontach an scéal é! 13 Ní hé Pádraig an cathaoirleach. 14 Nach banaltra thú? 15 Ní duine saibhir é Máirtín.

2 1 An tusa bean an tí? 2 An scoil náisiúnta í Scoil Chaitríona? 3 Nach feirmeoir é d'athair? 4 An í Nuala í? 5 Arbh é a huncail an sagart paróiste? 6 An innealtóir é Seán? 7 An leatsa an siopa éadaí? 8 An as an bhFrainc iad na fir sin? 9 Nach dochtúir thú? 10 An deas an tír í an Spáinn? 11 Nach é sin Páidín? 12 Nár mhór an trua é? 13 Ar dhochtúir é? 14 An múinteoir é Daithí? 15 An é Pádraig an cathaoirleach?

3 1 Nach sibhse na múinteoirí? A: Is muid/Ní muid (Is sinn/Ní sinn). 2 An í sin d'oifig? A: Is í/Ní hí. 3 An as Contae Mhaigh Eo í Pádraigín? A: 'Sea/Ní hea. 4 An Éireannaigh sibh? A: 'Sea /Ní hea. 5 An é sin teach do mhuintire? A: 'Sé/Ní hé. 6 An leatsa an mála seo? A: Is liom/Ní liom. 7 Arbh í Bríd Ní Mháille do mháthair? A: B'í/Níorbh í. 8 An lá saoire é an lá amárach? A: 'Sea/Ní hea. 9 Nár bhreá an oíche an oíche aréir? A: B'ea/Níorbh ea or Ba bhreá/Níor bhreá. 10 An tusa an ceannaire? A: Is mé/Ní mé. 11 An é Peadar an buaiteoir? A: 'Sé/Ní hé. 12 An asal é sin? A: 'Sea/Ní hea. 13 Nach le Séamas an t-airgead? A: Is leis/Ní leis. 14 Nach deas an duine é Niall? A: Is deas/Ní deas or 'Sea/Ní hea. 15 An aisteoir thú? A: 'Sea/Ní hea.

4 1 Deir sé gurb í Cáit mo chomharsa bhéal dorais. 2 Sílim gur Gaeltacht mhór í an Cheathrú Rua. 3 Tá mé ag rá nach mise Mairéad. 4 Fiafraigh den gharda an é sin teach an phobail. 5 Deir sí gur as Conamara í. 6 Sílim gurbh é sin an t-ospidéal fadó. 7 Níl mé cinnte ar sibhse cairde Phádraig. 8 Tá áthas orm nach liomsa an seancharr úd. 9 Níl a fhios agam an búistéirí iad. 10 Deir sé gur dhochtúir a athair. 11 Sílim gur breá é do theach! 12 Tá mé cinnte nárbh as Éirinn ar chor ar bith é.

5 1 Is deas an fear é Breandán. 2 Is mór an trua é sin. 3 B'iontach an scéal é. 4 Is deacair an teanga í an tSínis. 5 Nach álainn an bhean í Áine? 6 Is breá an aimsir í seo. 7 Is maith an ceoltóir thú. 8 B'aisteach an fear é Séamaisín. 9 Nach maith an cailín í Orla? 10 Is breá an radharc é sin, nach ea? [Or nach breá?]

6 1. Is innealtóir í Síle. 2 Is é seo mo theach. 3 Nach maith an cailín thú [Nach cailín maith thú]? 4 Deir Liam gurbh aisteoir é a athair. 5 Is mise

an múinteoir Fraincise. 6 Ní drochdhuine é. 7 An leatsa an mála sin? 8 Nárbh aisteach an scéal é sin? 9 An í Máirín d'iníon nó an í iníon Nuala í? [Or nó an le Nuala í?] 10 Ní iascaire é Donncha.

UNIT EIGHTEEN
Other copula structures

Various idiomatic structures combine the copula with an adjective predicate and, sometimes, a prepositional phrase. Some examples:

Is maith liom é.	I like it.
Is fearr liom é.	I prefer it.
Ba mhaith liom é.	I would like it.
B'fhearr liom é.	I would prefer it.
Is féidir liom.	I can.
Is cuma liom.	It's all the same to me, I don't mind.
Ba cheart dom ...	I should ...
B'éigean dom ...	I had to, it was necessary for me to ...
Ní foláir dom ...	I must ...
Ní mór dom ...	I must ...
Is fíor dom é.	It is true for me/I'm right about it.
Níor mhiste liom.	I wouldn't mind.

These expressions often introduce a verbal noun, to be covered in later units. Some may be followed by a noun or pronoun, as above in the examples ending with **é** 'it'.

The adjective may be found in other contexts, such as **maith** 'good', and **fearr** 'better'. Others, like **féidir** 'possible', occur only in the idioms with **is**.

Prepositions and the copula

In general, the preposition **le** in these constructions indicates that the adjective reflects the attitude of the object of **le** toward whatever follows. **Is . . . le** can be used in this way with a variety of other adjectives expressing evaluation, although the idiomatic use with **maith/fearr** meaning 'good/ prefer' is by far the most common:

Is maith liom tae.	I like tea. (Lit. Tea is good with me, i.e., in my opinion.)
Is fearr liom caife.	I prefer coffee. (Coffee is better in my opinion.)
Is breá liom é.	I find it fine/I love it.
Is aisteach liom é.	I consider it strange.
Is aoibhinn liom é.	I find it pleasant/It is pleasant to me.

In contrast, **do** implies a more objective relation between the preposition's object and another noun in the sentence. **Dom** is the prepositional pronoun form for **do** + **mé** 'to me, for me'. Other forms are presented in Unit 23.

Ní maith dom é.	It isn't good for me.
Is fearr dom bainne.	Milk is better for me.

Without either preposition, the meaning becomes impersonal, with no particular individual person involved. Some of the same forms can also occur with no prepositional phrase and impersonal meaning:

Ní foláir obair.	One must work/People must work.
Ba cheart obair.	One should work.
Is féidir obair.	It is possible to work.
Is féidir go bhfuil sí tinn.	It may be that she is sick.
B'éigean obair.	It was necessary to work.
Is cuma.	It doesn't matter.

In other cases, no preposition is the norm:

b'fhéidir	it would be possible, maybe
B'fhéidir go mbeidh an lá go breá.	Maybe the day will be fine.
is dócha	it is probable, likely
Is dócha go mbeidh an aimsir go dona.	The weather will probably be bad.
is fiú	it is worth(while)
Tá sé daor ach is fiú é.	It's expensive, but worth it.
is ionann/mar a chéile	is/are identical, alike
Is mar a chéile mise agus thusa.	You and I are alike.

Is vs. bí

Although some uses of English 'be' must be translated with the copula **is** and others always require a form of **bí**, it is sometimes possible to use either.

A challenge for the learner is to know what determines the choice in cases like those below:

(a) **Is múinteoir é.**
(b) **Tá sé ina mhúinteoir.** } He is a teacher.

(a) **B'innealtóir é.**
(b) **Bhí sé ina innealtóir.** } He was an engineer.

The two sentences in each pair have the same translation, but they are not identical in meaning. The sentences labelled (a) can be taken as basic statements defining the person that the pronoun **é** refers to in each instance. Being a teacher or engineer is part of his identity. In the (b) sentences, focus is more on what he does for a living. The same construction, with **in** + possessive (Unit 24), signals a physical state, as below (discussed further in Unit 19):

Tá mé i mo sheasamh.   I'm standing (i.e., in a standing position).

The **in** + possessive construction can also be understood as indicating a state in the first examples – he is (currently) a teacher; he was (once) an engineer (but has, perhaps, changed careers). In contrast, the sentences of (a), with the copula, imply a more inherent condition, a permanence of the characteristic as part of the person. As a result, when one says 'He was an engineer' using **ba**, the implication is often that he is no longer alive.

In simple sentences, such distinctions can be a good rule of thumb for deciding when to use **bí** and when to use **is**. But in other contexts, **bí** is really the only option. With constructions calling for a verbal noun (see Unit 19), for example, there is no other choice, since the copula doesn't have a verbal noun form.

Tá sé ag iarraidh a bheith   He wants to be a teacher.
ina mhúinteoir.

Similarly, relative clauses (see *Intermediate Irish*, Unit 1) with 'be' as the verb generally use the **bí** structure regardless of the permanence of the characteristic. Although a relative clause form of **is** exists, it is not often used in sentences of this type, perhaps because its form is identical to the regular verbal form:

an fear atá ina shagart   the man who is a priest

More practice with these structures will be provided in the units which discuss them in detail.

Adjectives and the copula

Is and **bí** also overlap in use with predicate adjectives (e.g., 'I am tired'), as noted previously.

Tá an bia go maith.
Is maith é an bia. } The food is good.

Tá do dheartháir lách.
Is lách é do dheartháir. } Your brother is nice.

Such pairs are generally limited to adjectives expressing evaluation rather than simple description (that is, we don't hear things like **is tuirseach mé** 'I am tired', but only **tá mé tuirseach**), and their usage differs, the second sentences of each pair being largely exclamatory in effect. They might be better translated as 'How good the food is!' or 'Wow, the food is good!'). In subordinate clauses, there is generally no question of exclamation, and only the **bí** sentences are found:

Ba mhaith liom an bia a bheith go maith.   I'd like the food to be good.
an fear atá lách   the man who is nice

Exercises

1   Make the following sentences negative.

    1   Is féidir leis snámh.
    2   Is maith le Liam seacláid.
    3   Is fiú cúig euro déag é.
    4   Is ionann máistir scoile agus múinteoir.
    5   B'fhearr liom tae.
    6   Is iontach an duine é.
    7   Is cuma liom.
    8   An féidir go mbeidh an bua ag an bhfoireann eile?
    9   Is maith dom siúcra.
   10   An aoibheann leat an scannán sin?

2   Make questions of the following.

    1   Is maith leis siúcra le caife.
    2   Ní sagart é uncail Nuala.
    3   Ní breá libh Meicsiceo.
    4   Ba cheart dom fanacht.
    5   Is mar a chéile an dá phictiúr seo.

   6 B'fhéidir go gcuirfidh sé báisteach.
   7 Ní dócha go mbeidh siad mall.
   8 B'fhearr leat béile maith.
   9 Ba mhaith léi cupán tae.
10 Is cinnte go mbeidh sí anseo.

3 Convert the following to sentences using the **tá . . . in** construction. E.g.:
Is múinteoir mé. → Tá mé i mo mhúinteoir.

   1 Is banaltra mé.
   2 Is sagart é.
   3 Is amhránaí iontach thú.
   4 An baincéir é Tomás?
   5 Is ceoltóirí iad.
   6 Is iascairí iad.
   7 An feirmeoir thú?
   8 Is dochtúirí muid.
   9 An aisteoirí sibh?
10 Is fiaclóir é Roibeard.
11 Ní iriseoir mé.
12 Nach údar cáiliúil í?
13 Is píolóta thú, nach ea?
14 Is bainisteoir comhlachta í mo dheirfiúr.
15 Ní gasúir muid.

4 Answer the following questions, both in the affirmative and negative.
Note the differences of usage between **is** and **tá**. E.g.: An tusa an
múinteoir? Is mé/ní mé

   1 An innealtóir thú?
   2 Nach ionann an dá rud sin?
   3 Ar mhaith leat cupán tae?
   4 An raibh do mháthair ina múinteoir?
   5 An é Seán fear an tí?
   6 An mic léinn sibh?
   7 An mbeidh sé ina shagart?
   8 An fiú deich bpunt é?
   9 Nach fíor dom é?
10 An bhfuil siad ina bpinsinéirí?

5 Translate.

   1 Aren't you wonderful!
   2 He was a priest, but now he's a teacher.

3 My daughter doesn't like meat.
4 I shouldn't, but I'll drink another cup of coffee.
5 I like tea, but it's not good for me.
6 Maybe it will snow.
7 Be quiet! You're not children anymore.
8 I'm not a journalist. Seán is the journalist.
9 That's Máirín's son. He's a farmer, but he'd prefer to be a fisherman.
10 Are you a man or a mouse?

Answers to exercises

1 1 Ní féidir leis snámh. 2 Ní maith le Liam seacláid. 3 Ní fiú cúig euro déag é. 4 Ní hionann máistir scoile agus múinteoir. 5 Níorbh fhearr liom tae. 6 Ní hiontach an duine é. 7 Ní cuma liom. 8 Nach féidir go mbeidh an bua ag an bhfoireann eile? 9 Ní maith dom siúcra. 10 Nach aoibhinn leat an scannán sin?

2 1 An maith leis siúcra le caife? 2 Nach sagart é uncail Nuala? 3 Nach breá libh Meicsiceo? 4 Ar cheart dom fanacht? 5 An mar a chéile an dá phictiúr seo? 6 Arbh fhéidir go gcuirfidh sé báisteach? 7 Nach dócha go mbeidh siad mall? 8 Arbh fhearr leat béile maith? 9 Ar mhaith léi cupán tae? 10 An cinnte go mbeidh sí anseo?

3 1 Tá mé i mo bhanaltra. 2 Tá sé ina shagart. 3 Tá tú i d'amhránaí iontach. 4 An bhfuil Tomás ina bhaincéir? 5 An bhfuil siad ina gceoltóirí? 6 An bhfuil siad ina n-iascairí? 7 An bhfuil tú i d'fheirmeoir? 8 Tá muid inár ndochtúirí. 9 An bhfuil sibh i bhur n-aisteoirí? 10 Tá Roibeard ina fhiaclóir. 11 Níl mé i m'iriseoir. 12 Nach bhfuil sí ina húdar cailiúil? 13 Tá tú i do phíolóta, nach bhfuil? 14 Tá mo dheirfiúr ina bainisteoir comhlachta. 15 Níl muid in ár ngasúir.

4 1 'Sea/Ní hea. 2 Is ionann/Ní hionann. 3 Ba mhaith/Níor mhaith. 4 Bhí/Ní raibh. 5 Is é/Ní hé. 6 'Sea/Ní hea. 7 Beidh/Ní bheidh. 8 Is fiú/Ní fiú. 9 Is fíor/Ní fíor. 10 Tá/Níl.

5 1 Nach iontach thú! 2 Bhí sé ina shagart, ach tá sé ina mhúinteoir anois. 3 Ní maith le m'iníon feoil. 4 Níor cheart dom, ach ólfaidh mé cupán eile caife. 5 Is maith liom tae, ach ní maith dom é. 6 B'fhéidir go gcuirfidh sé sneachta. 7 Bígí ciúin! Níl sibh i bhur bpáistí (or ngasúir) níos mó. 8 Ní iriseoir mé. Is é Seán an t-iriseoir. 9 Sin é mac Mháirín. Is feirmeoir é ach b'fhearr leis a bheith ina iascaire. 10 An fear nó luch thú?

UNIT NINETEEN
Verbal nouns I

In addition to the verb forms in Units 11–15, most Irish verbs have a form known as the verbal noun (VN). As the name suggests, VNs have characteristics of both verbs and nouns. Their meaning is verbal, but they can be used in parts of sentences where nouns usually appear, and they act like nouns grammatically: they have gender, genitive-case forms, sometimes plural forms, and when they are followed by another noun it must be in the genitive case.

VNs have many uses and may be translated in different ways in English. Sometimes they are used like English participles and gerunds ('Joe is *swimming*; *Swimming* is good for you'); other times they translate the English infinitive ('I like *to swim*'). They can also function like nouns based on verbs ('We had a good *swim*'); some such English nouns have different forms from the verb: 'to marry vs. marriage'; 'to injure vs. injury'; 'to destroy vs. destruction', but in Irish, the same VN is often used for both.

Verbal noun form

VN forms vary as much as noun plurals, and like plurals, may differ from region to region. This unit introduces forms of the Official Standard, but learners should feel free to adopt the equally acceptable forms they encounter in whatever dialect is being learned. As with plurals, the forms cannot always be predicted and must be memorized for each verb, but some patterns will emerge below.

Most VNs add a suffix to the imperative stem (omitting a final *-igh*). Some of the most common endings, with examples of each, are listed below.

-adh	*-amh*	*-áil*	*-t*	*-ú*
glan, glanadh	dean, déanamh	tóg, tógáil	bain, baint	salaigh, salú
bris, briseadh	léigh, léamh	fág, fágáil	imir, imirt	tosaigh, tosú
pós, pósadh	áirigh, áireamh	coinnigh, coinneáil	oscail, oscailt	bailigh, bailiú

Some VN endings are found with verbs of both classes, as shown. The ending *-adh*, however, is used exclusively with first-conjugation (mostly single-syllable) verbs, while *-ú* is found only in the second-conjugation (two-syllable verbs). These are also the most common forms for each class. Verbs adding the suffix *-t* usually end in *n*, *m*, *l* or *r*.

A number of VNs are identical to the imperative. This class includes borrowed words ending in *-áil*, which keep that ending when the tense endings are added:

sábháil	**ól**
parcáil	**scríobh**
snámh	**rith**
díol	**foghlaim**

Others have no ending, but if the imperative stem ends in a slender consonant, it becomes broad. These are mostly first-conjugation verbs:

cuir, cur; siúil, siúl; ceangail, ceangal

Some single-syllable verbs ending in *-igh* simply drop the ending, and what remains is the VN:

pléigh	**plé**
brúigh	**brú**
dóigh	**dó**

A few other suffixes are found, but less frequently. Common verbs using some of these are shown below:

-ach	*-acht*	*-í*	*-im*	*-an*
ceannaigh, ceannach	**imigh, imeacht**	**eirigh, éirí**	**tit, titim**	**lig, ligean**

Irregular verbs sometimes (but not always) have irregular VNs as well. The following are quite irregular:

abair	**rá**
tar	**teacht**
téigh	**dul**
bí	**bheith**
beir	**breith**
ith	**ithe**

Other irregular verbs use regular suffixes:

feic	**feiceáil**
faigh	**fáil**
clois	**cloisteáil** (but note the added *t* before the suffix)
déan	**déanamh**
tabhair	**tabhairt**

Progressive verb forms

The VN is used in progressive sentences, indicating ongoing actions. Progressive sentences are formed by any tense of **bí**, followed by **ag** and a VN.

Tá siad ag ithe.	They are eating.
Tá sí ag éirí.	She is getting up.
Tá muid ag imirt Scrabble.	We are playing Scrabble.

Progressive forms are occasionally used in Irish where a simple verb would be more common in English:

Tá sé ag iarraidh caint.	He wants to speak.
Tá mé ag ceapadh gur dlíodóir í.	I think she's a lawyer.

When the VN has an object, the object follows it (**ag imirt Scrabble**). The object should be in the genitive case, because whenever two nouns come together in a phrase, the second is always genitive (see Unit 4), and VNs are nouns.

Tá siad ag imirt peile.	They are playing football.
Bhí sí ag ithe na feola.	She was eating the meat.

Pronoun objects

If the object of a VN is a pronoun, the possessive pronoun forms **mo**, **do**, **a**, **ár**, **bhur** (see Unit 22) must be used. Because these come before a noun that they possess, they also come before the VN that they are the object of. In this case, **ag** changes to **do**, which contracts with **a** to **á** and with **ár** to **dár**:

Bhí sé do do phógadh.	He was kissing you.
Tá siad dár mbualadh.	They are beating us.
Tá sí á cur.	She is sending it (e.g., a letter).

Tá mé á ithe.	I am eating it (e.g., an apple, any masculine noun).
Tá mé á hithe.	I am eating it (e.g., meat or any feminine noun).

Physical states

Sentences describing positions or states are formed with the preposition **in** plus a possessor referring to the subject (the individual in the position described) as introduced in Unit 18.

Tá mé i mo shuí.	I'm sitting/seated.
Tá Maime ina luí.	Mom is lying down.
Bhí sé ina sheasamh ansin.	He was standing there.

These contrast in meaning with sentences using **ag**, which would mean that the person is in the act of getting into the position. **Tá mé ag suí (síos)** 'I am sitting down (i.e., moving from standing to sitting position)'. The same structures are used for states of consciousness like **i mo chodladh** 'asleep' (said of me), **i do dhúiseacht** 'awake' (said of you).

The preposition **ar** + verbal noun appears in set phrases expressing other states. Meanings may be idiomatic.

Tá an pictiúr ar crochadh ar an mballa.	The picture is hanging on the wall.
Tá sé ar iarraidh.	He/it is missing.

Verbal nouns without tensed verbs

A few verbs occur only (or mostly) in a VN form and do not use tense endings. That is, they are really nouns, but their meanings and uses are verb-like. They are used almost exclusively in the progressive form discussed above or in other structures (introduced in Unit 20) that include a VN. They may also combine with **déan** 'do', which carries the tense marking. Examples include **caint** 'talking', **staidéar** 'studying', and **obair** 'working.'

Beidh muid ag caint.	We'll talk/We'll be talking.
Déanfaidh mé staidéar anois.	I'll study now.

Some such verbs can be conjugated, but rarely are. At least in some dialects the VN forms seem to be strongly preferred. **Damhsaigh** 'dance' is an example; it is almost always found in its VN form **damhsa**.

Exercises

1 Give the VN form for each of the following verb stems, and give the
   English meaning of the verb.

1	coinnigh	16	éist
2	feic	17	glan
3	clois	18	roinn
4	bruith	19	geall
5	caith	20	labhair
6	cuir	21	smaoinigh
7	bris	22	ith
8	tomhais	23	leag
9	abair	24	oscail
10	salaigh	25	réitigh
11	siúil	26	beannaigh
12	déan	27	bí
13	vótáil	28	fás
14	ceannaigh	29	díol
15	imigh	30	maraigh

2 Answer the following commands by saying that you are performing the
   action mentioned. E.g.: Tosaigh ag obair. → Tá mé ag tosú ag obair.

   1 Stop anois!
   2 Siúil abhaile!
   3 Tar isteach!
   4 Fan anseo nóiméad!
   5 Éist le d'athair!
   6 Foghlaim teanga nua!
   7 Tiomáin abhaile!
   8 Téigh go dtí an siopa!
   9 Buail le Seán anocht!
   10 Cuir do mhála ar an mbord!

3 Respond to the commands as in Exercise 2, remembering to change the
   direct object to the genitive case.

   1 Dún an fhuinneog!
   2 Tabhair an gasúr abhaile!
   3 Caith am le do Mhaime!
   4 Fág an oifig faoi ghlas!
   5 Lig an cat amach!
   6 Bailigh an t-airgead!

7   Ith do dhinnéar!
8   Oscail an doras!
9   Ól an bheoir sin!
10 Can amhrán Gaeilge!
11 Caith seachtain in Albain!
12 Labhair Fraincis anois!
13 Scríobh litir chuig Liam!
14 Ceannaigh an nuachtán!
15 Bain an féar!
16 Imir peil!
17 Ól an pionta!
18 Léigh an leabhar seo!
19 Déan an bricfeasta!
20 Ith an fheoil!

4 Convert the following object nouns to an appropriate pronoun (same gender, number).

1   Tá mé ag ithe an béile.
2   Tá siad ag cruinniú daoine le chéile.
3   Beidh muid ag feiceáil Bríd amárach.
4   Tá mé ag oscailt an dorais.
5   Tá mé ag oscailt na fuinneoige.
6   Bhí sé ag glanadh an tí.
7   Bhí sé ag glanadh na fuinneoige.
8   Beidh sí ag cailleadh na n-eochracha.
9   Béidh sé ag cur an mhála ar an mbord.
10 Tá mé ag críochnú na hoibre go luath.

5 Respond to the following with a present progressive sentence, using pronouns in place of nouns where appropriate. Add **anois** if it helps the sense. E.g.: Q. An ndearna tú an obair? A. Tá mé á déanamh anois.

1   Níor bhuail an fhoireann sin muid riamh.
2   An bhfuil siad ag sábháil an fhéir?
3   An tiocfaidh sibh i mbliana?
4   Ar cheannaigh tú an bia?
5   Glan do sheomra!
6   An ólann tú beoir Shasanach riamh?
7   Ní ghortóidh mé thú.
8   Níor ith mé glasraí inniu.
9   An raibh sé ag saothrú pá maith?
10 An dtógfaidh siad teach nua?

6   Translate into Irish.

   1   They were talking.
   2   The child is sitting on the bed.
   3   She is milking the cow.
   4   We'll be painting the house next week.
   5   Where's my coat? It was hanging here.
   6   I'm reading that book.
   7   We don't have tickets yet. We'll be buying them on the Internet.
   8   I broke the glass when I was washing it.
   9   They'll be leaving the city tomorrow.
   10 I'm falling asleep.

Answers to exercises

1   1 coinneáil 'keep'. 2 feiceáil 'see'. 3 cloisteáil 'hear'. 4 bruith 'boil, cook'.
5 caitheamh 'throw, spend'. 6 cur 'put, sow, bury'. 7 briseadh 'break'.
8 tomhas 'guess, measure'. 9 rá 'say'. 10 salú 'dirty'. 11 siúl 'walk'.
12 déanamh 'do, make'. 13 vótáil 'vote'. 14 ceannach 'buy'. 15 imeacht
'go, depart'. 16 éisteacht 'listen'. 17 glanadh 'clean'. 18 roinnt 'divide,
share'. 19 gealladh 'promise, bet'. 20 labhairt 'speak'. 21 smaoineamh
'think'. 22 ithe 'eat'. 23 leagan 'lay down, knock over'. 24 oscailt 'open'.
25 réiteach 'prepare, solve'. 26 beannú 'greet'. 27 bheith 'be'. 28 fás 'grow'.
29 díol 'sell'. 30 marú 'kill'.

2   1 Tá mé ag stopadh anois. 2 Tá mé ag siúl abhaile. 3 Tá mé ag teacht
isteach. 4 Tá mé ag fanacht anseo nóiméad. 5 Tá mé ag éisteacht le
m'athair. 6 Tá mé ag foghlaim teanga nua. 7 Tá mé ag tiomáint abhaile.
8 Tá mé ag dul go dtí an siopa. 9 Tá mé ag bualadh le Seán anocht.
10 Tá mé ag cur mo mhála ar an mbord.

3   1 Tá mé ag dúnadh na fuinneoige. 2 Tá mé ag tabhairt an ghasúir abhaile.
3 Tá mé ag caitheamh ama le mo Mhaime. 4 Tá mé ag fágáil na hoifige
faoi ghlas. 5 Tá mé ag ligean an chait amach. 6 Tá mé ag bailiú an airgid.
7 Tá mé ag ithe mo dhinnéir. 8 Tá mé ag oscailt an dorais. 9 Tá mé ag
ól na beorach sin. 10 Tá mé ag canadh amhráin Ghaeilge. 11 Tá mé
ag caitheamh seachtaine in Albain. 12 Tá mé ag labhairt Fraincise anois.
13 Tá mé ag scríobh litreach chuig Liam. 14 Tá mé ag ceannach an
nuachtáin. 15 Tá mé ag baint an fhéir. 16 Tá mé ag imirt peile. 17 Tá
mé ag ól an phionta. 18 Tá mé ag léamh an leabhair seo. 19 Tá mé ag
déanamh an bhricfeasta. 20 Tá mé ag ithe na feola.

4   1 Tá mé á ithe. 2 Tá siad á gcruinniú le chéile. 3 Beidh muid á feiceáil
amárach. 4 Tá mé á oscailt. 5 Tá mé á hoscailt. 6 Bhí sé á ghlanadh.

7 Bhí sé á glanadh. 8 Beidh sí á gcailleadh. 9 Beidh sé á chur ar an mbord. 10 Tá mé á críochnú go luath.

5   1 Tá siad do bhur mbualadh anois. 2 Tá siad á shabháil anois. 3 Tá muid ag teacht i mbliana. 4 Tá mé á cheannach anois. 5 Tá mé á ghlanadh anois. 6 Tá mé á hól anois. 7 Tá tú do mo ghortú anois. 8 Tá mé á n-ithe anois. 9 Tá sé á saothrú anois. 10 Tá siad á thógáil anois.

6   1 Bhí siad ag caint. 2 Tá an páiste ina shuí ar an leaba. 3 Tá sí ag bleán na bó. 4 Beidh muid ag péinteáil an tí an tseachtain seo chugainn. 5 Cá bhfuil mo chóta? Bhí sé ar crochadh anseo. 6 Tá mé ag léamh an leabhair sin. 7 Níl ticéid againn fós. Beidh muid á gceannach ar an idirlíon. 8 Bhris mé an ghloine nuair a bhí mé á glanadh. 9 Beidh siad ag fágáil na cathrach amárach. 10 Tá mé ag titim i mo chodladh.

UNIT TWENTY
Verbal nouns II

VNs are used in other structures besides the progressive forms introduced in the last chapter. One of the most common structures follows a variety of verbal (and copula predicate) forms such as the following.

Is maith le Seán caint le turasóirí.	Seán likes to talk to tourists.
Tá mé in ann snámh.	I can swim.

If the VN has a direct object, the word order changes. The object comes before the VN, with the particle **a**, which causes lenition, between them:

Is maith le Seán amhráin a chanadh.	Seán likes singing songs.
Tá mé in ann Gaeilge a labhairt.	I can speak Irish.
An bhfuil tú ag iarraidh litir a scríobh?	Do you want to write a letter?

Usually the subject of the VN is not expressed but is assumed to be the same as some noun associated with the main predicate (**Seán**, **mé**, **tú** in the examples). Occasionally, a subject may precede the VN:

Ba mhaith liom iad a bheith anseo.	I'd like them to be here.

There is some variability as to whether **a** and lenition are found in these cases. **Bheith**, **dhul**, and **theacht** are often lenited in such sentences; other verbs vary according to speaker and region. Such sentences are fairly uncommon.

All other parts of the sentence (prepositional phrases, adverbs, adjective predicates of **bí**) follow the VN:

Ba mhaith liom breathnú ar an gclár sin.	I'd like to watch that program.
An bhfuil tú ag iarraidh fanacht ansin?	Do you want to wait there?
An féidir leat é a fhágáil anseo?	Can you leave it here?
Ní maith liom a bheith tinn.	I don't like to be sick.

These structures (which we'll call 'inverted VN phrases') can be negated by putting **gan** 'without' before the phrase:

Ba mhaith liom gan í a bheith anseo.	I'd like her not to be here.
Is cuma liom gan fanacht.	I don't mind not staying.
Is fearr linn gan dúiseacht go moch.	We prefer not to wake up early.

Notice that the inverted VN phrase may sometimes be translated into English as an -*ing* form of the verb, and sometimes as an infinitive with 'to', depending on the main verb of the sentence ('like', 'prefer', 'mind', etc.).

More progressive structures

The progressive structures introduced in the last lesson (with object following VN) also occur as dependents of other verbs, as below:

Feicim Pádraig ag obair.	I see Pádraig working.
Cloisim Máirtín ag casadh amhráin.	I hear Máirtín singing a song.
Tá mé ag dul ag ithe anois.	I'm going to eat now.
Thosaigh siad ag foghlaim Fraincise.	They started learning French.
Coinnigh ort ag caint.	Keep on talking.

Choosing the right structure

Learners often struggle in deciding whether to use the progressive or the inverted structure in any given situation. Some guidelines will be given here, although, as usual, there can be dialect variation, and listening to samples of what fluent speakers do is the best way to develop a feel for the range of possibilities.

In general, when a predicate is followed by a VN phrase, only one of the two possibilities is found. One exception is given below, and the subtle difference in meaning between two structures suggests a semantic difference that can be a useful guideline:

Beidh siad sásta teach a thógáil in Éirinn.	They'll be happy to build a house in Ireland.
Beidh siad sásta ag tógáil tí in Éirinn.	They'll be happy building a house in Ireland.

The first sentence tells us that the prospect of house-building will make them happy; there is no implication that they will or won't actually build the house. In the second case, it is the actual act of building that will make them happy, rather than just the idea of it or even the completed house. It could also be translated as 'They will be happy while building a house in Ireland'. This difference is reflected in the two translations: 'building' implies a somewhat more immediate connection between the building and the happiness than 'to build' does.

As a rule of thumb, events that represent potential events that may or may not actually happen (and certainly haven't yet) are most likely to use the inverted structure, while events that are ongoing at the time of the main verb use the progressive structure, although not every choice can be explained in this way ('going to' doesn't suggest simultaneity with the VN, but it is followed by the progressive structure anyway).

The list below includes common predicates that are followed by each of the two main types of VN phrases. One way to approach the choice of which form to use is simply to memorize the list. Other words with similar meanings can be assumed to fall into the same category.

an rud sin a dhéanamh	**ag déanamh an rud sin**
Ability, permission	*Perceptions*
is féidir liom	**feicim duine**
tá mé in ann	**cloisim duine**
tá mé ábalta	**airím duine**
tig liom	
tá cead agam	
Necessity, obligation	*Onsets and finishes*
tá orm	**tosaím**
caithfidh mé	**stopaim**
b'éigean dom	**críochnaím**
is gá	**coinním**
ní mór dom	**leanaim**
ní foláir dom	
ba cheart dom	
Wishes, desires	*Immediate future*
is maith liom	**tá mé ag dul**
is fearr liom	**tháinig mé**
ba mhaith liom	
tá mé ag iarraidh	
tá súil agam	
is mian liom	
níor mhiste liom	

Attempt, success and failure	*Skills*
rinne mé iarracht	**tá mé go maith ag**
d'éirigh liom	**tá mé go dona**
theip orm	
chinn orm	
chlis orm	

Evaluation of situation
tá sé deacair
tá sé furasta

Commands, promises, plans
geallaim
deirim leat
tá fúm

These are only examples and not an exhaustive list. As is evident, the inverted VN structure is used following many more predicates than the progressive. The list of contexts given here for the progressive is more complete than that for the inverted structures; thus, for other predicates followed by VNs, the inverted form is most likely the correct option.

Prepositions introducing verbal nouns

Certain prepositions can introduce VN phrases as well. These generally have specific meanings related to past or future time reference, and (except for **ag**, which introduces the progressive structure above), they are all followed by the inverted structure.

Le (or **chun** in some dialects) followed by a VN indicates that the event named by the VN is expected or needs to be done. It can also express purpose or intent, especially after another verb and can be translated in such cases as 'in order to'.

> **Tá Bríd le Colm a phósadh an tseachtain seo chugainn.**
> Bríd is (expected/planning/meant) to marry Colm next week.

> **Chuaigh siad go Gaillimh le pósadh.**
> They went to Galway (in order) to get married.

An event that is about to happen in the immediate future can be expressed by a VN following an expression such as **ar tí**, **ar hob**: these are similar in time reference (future) to the expressions following **le**, **chun**, but express greater immediacy.

Tá siad ar tí pósadh.   They are about to get married.

Tar éis or **i ndiaidh** indicate that the action of the verbal noun was recently completed. Such sentences are often translated by the English present-perfect tense 'have done'. This usage is current in the English of Ireland as well, in expressions such as 'I'm just after talking to her' ('I've just talked to her'). These prepositions can also introduce subordinate clauses following other verbs. In such cases, the subject of the action may be mentioned, introduced by the preposition **do**.

Tá Bríd tar éis Colm a phósadh.	Bríd just married Colm.
Tá siad tar éis imeacht ar mhí na meala.	They have left on their honeymoon.
Tar éis pósadh (dóibh), chuaigh siad go Páras.	After getting married, they went to Paris.

Exercises

1 Fill in an appropriate verbal noun to complete each sentence, with or without lenition as needed. Do not add **a**; it is included where required.

   1 Bhí Peter Pan sásta gan _____.
   2 Ní raibh carr ag duine ar bith; mar sin, b'éigean dúinn

      _____.
   3 An bhfuil sibh sásta _____ abhaile anois?
   4 Níl Máirtín pósta, ach beidh sé sásta _____.
   5 Níl duine ar bith sásta a _____ tinn.
   6 Tháinig Peige, ach ní raibh Bríd in ann _____ léi.
   7 Ná salaigh do chuid éadaigh, a Shéamaisín; ní bheidh mé sásta iad
      a _____.
   8 Níl mé in ann an scéal sin a _____.
   9 Ar mhiste leat an doras a _____?
  10 Tá an leabhar sin ródheacair; níl na gasúir in ann é a

      _____.
  11 An gcloiseann tú an ceol? Níl mise in ann é a

      _____.
  12 Tá na fir sásta cártaí a _____ gach oíche.
  13 Bhí na tithe róshean; b'éigean iad a _____.
  14 Dúirt Maime "Ná bris an pláta sin!" Ach ní raibh Seáinín in ann
      gan é a _____.
  15 Níl mé in ann an bosca a _____ ar an mbord; tá sé
      róthrom.

16   An bhfeiceann tú na sléibhte? Níl féidir liom iad a

    _____.

17   Tá Cáit leisciúil; níl sí sásta obair a _____.

18   Bhí sé ag obair go crua agus ghortaigh sé a lámh. Níl sé in ann
    _____leis an obair anois.

19   An bhfuil tú in ann pictiúir a _____?

20   Glan thusa do sheomra. Níl mé sásta é a _____.

2   Fill in the blanks with the words in parentheses, choosing appropriate
  word order and adding **a** where necessary. E.g.:

    Ní maith leis <u>obair a dhéanamh </u>(déan, obair)
    Tá sé in ann <u>cloisteáil go maith </u>(clois, go maith)

  1   B'éigean _____
    (creid, an fear sin).

  2   Beidh muid sásta _____
    (feic, thú).

  3   Ní maith le Máire _____
    (nigh, na soithí).

  4   Dúirt an múinteoir linn_____
    (léigh, an leabhar).

  5   Tá mé le _____ (scríobh, litir).

  6   Níl an t-am agam _____
    (déan, é).

  7   An bhfuil tú ábalta _____
    (clois, an duine sin).

  8   Níl mé in ann _____ (tuig,
    an cheist).

  9   Níl mé sásta _____ (bí, tinn) ach níl dochtúir
    ann le _____ (coinnigh, mé, slán).

  10   Nuair a bhí muid ag dul ar saoire, bhí orainn _____
    (pacáil, go leor málaí).

3   Fill the blanks with a progressive verbal noun structure based on the verb
  and noun given. E.g.: Thosaigh mé <u>ag déanamh na hoibre</u> (déan, an
  obair).

  1   An bhfeiceann tú na fir _____ (cuir caoi, ar an
    mbóthar)?

  2   Lean ort _____ (inis, an scéal).

  3   Níl aon mhaith liom _____ (seinn, ceol).

  4   Níor chuala mé duine ar bith _____ (labhair,
    Gaeilge).

5   Stopaigí anos _____ (ith, na brioscaí go
    léir)!
6   Tá Bríd go hiontach _____ (déan, éadaí).
7   Tá mé ag dul _____ amárach (glan, an
    teach).
8   Breathnaigh ar na gasúir _____ (snámh, sa loch)!
9   Tá an carr ag tosú _____ (déan, torann ait).
10 Bhí sí ag dul _____, ach níor éirigh léi
    (foghlaim, Spáinnis).

4   Using the words in parentheses at the end of each sentence, fill in the
    blank with the appropriate VN construction (inverted or progressive) to
    complete the sentence.

1   Feicim Bríd _____ (cóirigh, leapacha).
2   Níl siad sásta _____ (déan, a gcuid
    ceachtanna).
3   Ní raibh sibh in ann _____ (pléigh, an cheist
    sin).
4   Tá sé ag tosú _____ (cuir, sneachta).
5   Tá Peige ag iarraidh _____ (faigh, post nua).
6   Tá sé deacair _____ (díol, drochthorthaí).
7   An bhfuil tú sásta _____ (teacht, anseo)?
8   Tháinig an cigire _____ (cuir, ceisteanna, ar
    na páistí).
9   An gcloiseann tú an fear sin_____ (cas, amhrán)?
10 Caithfidh mé _____ (nigh, na soithí).
11 B'éigean dom _____ (siúil, abhaile).
12 Táimid ag dul _____ (ceannaigh, carr nua).
13 Tá sé deacair ag páistí gan _____ (salaigh,
    iad féin).
14 Tosaigh anois díreach _____ (glan, do sheomra)!
15 Stopaigí _____ (buail, mé).
16 Tá sé in am agat _____ (déan, dinnéar).
17 Tá sibh _____ (fás, an-mhór).
18 Tá tú in ann _____ más mian leat (bí, lách).
19 Bhí fúm _____ (téigh, go dtí ceolchoirm U2) ach
    níor éirigh liom _____ (faigh, na ticéid).
20 An bhfuil cead agam _____ (fan, anseo)?

5   Translate.

1   I've just finished this book. You should read it.
2   Would you like to eat dinner here?

3   Have you started to paint the kitchen yet?
4   Did you want to watch that?
5   I went to sleep after finishing the work.
6   They were about to leave, but Sorcha told them to stay.
7   We hope not to spend too much money.
8   You'll have to hurry in order to be on time.
9   Listen to them teasing each other!
10   May I go out?
11   Peige promised to share the food with everyone.
12   Everyone should stay quiet; Caitlín is going to tell a story.

Answers to exercises

1   *Sample responses*: 1 Bhí Peter Pan sásta gan <u>fás</u>. 2 Ní raibh carr ag duine ar bith; mar sin, b'éigean <u>siúl</u>. 3 An bhfuil sibh sásta <u>dhul</u> abhaile anois? 4 Níl Máirtín pósta, ach beidh sé sásta <u>pósadh</u>. 5 Níl duine ar bith sásta <u>a bheith</u> tinn. 6 Tháinig Peige, ach ní raibh Bríd in ann <u>theacht</u> léi. 7 Ná salaigh do chuid éadaigh, a Shéamaisín; ní bheidh mé sásta iad a <u>ní.</u> 8 Níl muid in ann an scéal sin a <u>thuiscint.</u> 9 Ar mhiste leat an doras a <u>dhúnadh</u>? 10 Tá an leabhar sin ródheacair; níl na gasúir in ann é a <u>léamh</u>. 11 An gcloiseann tú an ceol? Níl mise in ann é a <u>chloisteáil.</u> 12 Tá na fir sásta cártaí a <u>imirt</u> gach oíche. 13 Bhí na tithe róshean; b'éigean iad a <u>leagan.</u> 14 Dúirt Maime, "Ná bris an pláta sin!" Ach ní raibh Seáinín in ann gan é a <u>bhriseadh.</u> 15 Níl mé in ann an bosca a <u>chur</u> ar an mbord; tá sé róthrom. 16 An bhfeiceann tú na sléibhte? Níl féidir liom iad a <u>fheiceáil.</u> 17 Tá Cáit leisciúil; níl sí sásta obair a <u>dhéanamh</u>. 18 Bhí sé ag obair go crua agus ghortaigh sé a lámh. Níl sé in ann <u>coinneáil</u> leis an obair anois. 19 An bhfuil tú in ann pictiúir a <u>phéinteáil</u>? 20 Glan thusa do sheomra. Níl mé sásta é a <u>ghlanadh.</u>

2   1 B'éigean an fear sin a chreidiúnt. 2 Beidh muid sásta thú a fheiceáil. 3 Ní maith le Máire na soithí a ní. 4 Dúirt an múinteoir linn an leabhar a léamh. 5 Tá mé le litir a scríobh. 6 Níl an t-am agam é a dhéanamh. 7 An bhfuil tú ábalta an duine sin a chloisteáil? 8 Níl mé in ann an cheist a thuiscint. 9 Níl mé sásta a bheith tinn, ach níl dochtúir ann le mé a choinneáil slán. 10 Nuair a bhí muid ag dul ar saoire, bhí orainn go leor málaí a phacáil.

3   1 An bhfeiceann tú na fir ag cur caoi ar an mbóthar? 2 Lean ort ag insint an scéil. 3 Níl aon mhaith liom ag seinm ceoil. 4 Níor chuala mé duine ar bith ag labhairt Gaeilge. 5 Stopaigí anois ag ithe na mbrioscaí go léir! 6 Tá Bríd go hiontach ag déanamh éadaí. 7 Tá mé ag dul ag glanadh an tí amárach. 8 Breathnaigh ar na gasúir ag snámh sa loch! 9 Tá an carr ag

tosú ag déanamh torainn ait. 10 Bhí sí ag dul ag foghlaim Spáinnise ach níor éirigh léi.

4   1 Feicim Bríd ag cóiriú leapacha. 2 Níl siad sásta a gcuid ceachtanna a dhéanamh. 3 Ní raibh sibh in ann an cheist sin a phlé. 4 Tá sé ag tosú ag cur sneachta. 5 Tá Peige ag iarraidh post nua a fháil. 6 Tá sé deacair drochthorthaí a dhíol. 7 An bhfuil tú sásta a theacht anseo ? 8 Tháinig an cigire ag cur ceisteanna ar na páistí. 9 An gcloiseann tú an fear sin ag casadh amhráin? 10 Caithfidh mé na soithí a ní. 11 B'éigean dom siúl abhaile. 12 Táimid ag dul ag ceannach cairr nua. 13 Tá sé deacair ag páistí gan iad féin a shalú. 14 Tosaigh anois díreach ag glanadh do sheomra! 15 Stopaigí do mo bhualadh! 16 Tá sé in am agat dínnéar a dhéanamh. 17 Tá sibh ag fás an-mhór. 18 Tá tú in ann a bheith lách más mian leat. 19 Bhí fúm dul go dtí ceolchoirm U2, ach níor éirigh liom na ticéid a fháil. 20 An bhfuil cead agam fanacht anseo?

5   1 Tá mé tar éis an leabhar seo a chríochnú. Ba cheart duit é a léamh. 2 Ar mhaith leat dinnéar a ithe anseo? 3 Ar thosaigh tú ag péinteáil na cistine fós? 4 An raibh tú ag iarraidh breathnú air sin? 5 Chuaigh mé a chodladh tar éis an obair a chríochnú. 6 Bhí siad ar tí imeacht, ach dúirt Sorcha leo fanacht. 7 Bhí súil againn gan an iomarca airgid a chaitheamh. 8 Caithfidh tú deifir a dhéanamh le bheith in am. 9 Éist leo ag magadh faoina chéile! 10 An bhfuil cead agam dul amach? 11 Gheall Peige an bia a roinnt le 'chuile dhuine. 12 Ba cheart do 'chuile dhuine fanacht ciúin; tá Caitlín ag dul ag insint scéil.

UNIT TWENTY-ONE
Adjectives

Predicate adjectives, which serve as the third element of a sentence starting with **bí**, were introduced in Unit 16, where they were contrasted with adjectives in a modifying phrase with a noun, as in **an bhean óg** 'the young woman'. Adjectives used this way, directly modifying a preceding noun, are known as attributive adjectives.

Gender agreement

Attributive adjectives must agree with the nouns they modify, matching their noun's gender, number, and case. Unit 5 described how articles affect the first consonant or vowel of a noun differently, depending on its gender. Similarly, adjective agreement is shown by mutation. In the common case, adjectives modifying masculine nouns have no mutation, but feminine nouns lenite the first consonant of a modifying adjective, just as the article **an** lenites the noun.

Masculine		*Feminine*	
Seán Mór	Big Seán	**Bríd Mhór**	Big Bríd
teach breá	a fine house	**tine bhreá**	a fine fire
an fear bocht	the poor man	**an bhean bhocht**	the poor woman

Plural adjectives

Plural adjectives are usually formed with the suffix -*a* following a broad consonant and -*e* following a slender consonant. Adjectives ending in a vowel do not change in the plural (**lá fada**, **laethanta fada**). Adjectives ending in -*úil* broaden the *l* and add -*a*: **leisciúil** (pl. **leisciúla**). In the plural, gender is not marked by mutation. Instead, plural adjectives are lenited if the noun they modify ends in a consonant, regardless of gender (in fact, most nouns with plurals ending in a consonant are masculine):

Masculine		*Feminine*	
fir mhaithe	good men	**mná maithe**	good women
tithe móra	a big house	**cairde móra**	great friends
daoine deasa	nice people	**oifigí deasa**	nice offices

Case

The rules above apply in the common case, used with subjects, objects, and after prepositions. In the genitive case, as we saw in Unit 6, a noun may change form, and so may the adjective, in similar ways.

When modifying a masculine noun, adjectives ending in broad consonants slenderize them (except *ll*, *nn*, *rr*, and *m*), and a vowel may change, e.g., from *ea* to *i*, as in the case of **beag**. Adjectives ending in slender consonants or vowels do not change form, but all are lenited:

Common case		*Genitive case*	
an teach bán	the white house	**doras an tí bháin**	the door of the white house
an fear beag	the small man	**ainm an fhir bhig**	the small man's name
an fear glic	the sly man	**ainm an fhir ghlic**	the sly man's name
an teach buí	the yellow house	**doras an tí bhuí**	the door of the yellow house

Adjectives ending in *-ach* change to *(a)igh* in the genitive masculine: **an bóthar díreach** 'the straight road', **fad an bhóthair dhírigh** 'the length of the straight road'. There are other minor variants which space does not permit detailing here. The full range of forms can be found in reference grammars.

In the genitive plural, adjectives are formed like the nouns they modify. If the genitive noun has the same form as the common singular, so does the adjective; if the noun has the plural ending of the common plural, so does the adjective; there is no mutation of a genitive plural adjective.

ainmneacha na bhfear beag	the names of the small men
ainmneacha na mbuachaillí beaga	the names of the small boys

Adjectives modifying feminine nouns in the genitive add the suffix *-e*. A broad consonant becomes slender, and the vowel *ea* may change. Adjectives ending in *-úil* become *-úla*. Vowel-final adjectives do not change. Many speakers avoid using genitive feminine adjectives, or they just use the common-case form, so phrases like these are becoming rarer, but are still found, especially in written Irish.

Common case		*Genitive case*	
an bhean bheag	the small woman	**ainm na mná bige**	the small woman's name
an oifig mhór	the big office	**doras na hoifige móire**	the door of the big office
an tine the	the hot fire	**teas na tine te**	the heat of the hot fire
an bhean leisciúil	the lazy woman	**ainm na mná leisciúla**	the lazy woman's name

After feminine plural nouns in the genitive, adjectives have a plural suffix if the noun does, and not if it doesn't:

ainmneacha na mban beag	the names of the small women
doirse na n-oifigí móra	the doors of the big offices

Lost syllables

Adjectives ending in *l*, *n*, *r*, or *mh* lose a short vowel in their second syllable when a suffix is added, whether it is the plural ending or the feminine genitive singular:

saibhir	**daoine saibhre**	rich people
	ainm na mná saibhre	the name of the rich woman
álainn	**cailíní áille**	beautiful girls
	ainm na mná áille	the name of the beautiful woman

(when *l* + *n* come together, they become *ll*)

Broad consonants that come together as a result of vowel loss always become slender in the genitive (**uasal – uaisle**; **ramhar – raimhre**); in the plural, they may become slender (**uaisle**) or not (**ramhra**); this must simply be learned for each word.

Predicate adjectives

As noted in Unit 16, predicate adjectives show no agreement, but always occur in their basic form.

Tá an fear beag.	The man is small.
Tá an bhean beag.	The woman is small.
Tá na daoine beag.	The people are small.
Tá mé beag.	I am small.
Tá siad beag.	They are small.

However, it should be remembered that eight evaluative adjectives must be preceded by the particle **go**: **Tá an lá go maith** 'The day is good', but **lá maith** 'a good day'.

Prefixed adjectives

A very few attributive adjectives do not follow the noun they modify but are prefixed to it, causing lenition on the noun (except where it is blocked between similar consonants, see Unit 3). The two most frequent of these are **sean** 'old' and **fíor** 'true', which also occur normally as predicates.

Tá sé sean.	He is old.	**seanfhear**	an old man
Tá sí sean.	She is old.	**seanbhean**	an old woman
Tá an scéal fíor.	The story is true/real.	**fíorscéal**	a real story

Síor- 'constant, continual' is not used as a predicate, but is a prefix, especially common with verbal nouns: **síorchasaoid** 'constant complaining'.

Other prefixes function as attributive equivalents of other adjectives:

Bhí an lá go dona.	The day was bad.	**drochlá**	a bad day
Bhí an lá go deas.	The day was nice.	**dea-lá**	a nice day

In these compounds, the prefixed adjective + noun are treated as one word, and the adjective, being the first syllable, receives the main stress.

Still other prefixes are attached to adjectives for intensified meaning. **An-** 'very' and **ró-** 'too, excessively' are perhaps the most common. Others include **rí-** 'exceedingly', **barr-** 'excellent', and **fíor** 'really'.

an-mhaith	very good
róthuirseach	too tired
rídheas	very, very nice

barrmhaith	exceptionally good
fíorálainn	truly beautiful

With these intensifying prefixes, a stress accent falls equally on both the prefix and the word to which it is attached.

Both **an-** and **dea-** are always followed by a hyphen. The other prefixes are not, unless prefixation brings two vowels or two identical consonants together:

ró-óg	too young
droch-cháil	bad reputation

When **an-** is prefixed to a predicate adjective requiring **go**, **go** may be omitted or retained:

Tá sé an-mhaith.	} It is very good.
Tá sé go han-mhaith.	

The other prefixes always replace **go** and do not occur together with it.

An- may also be prefixed to nouns, to mean a particularly noteworthy (usually, but not necessarily, good) specimen:

Bhí an-oíche againn.	We had a great night.
An-fhear!	What a guy!
An-aimsir.	Quite the weather.

Other words may also be used to qualify or intensify adjectives. These, however, are not prefixes, are written as separate words, and do not cause mutation. A few examples are **sách** 'sufficiently, enough', **iontach** 'extraordinarily', and **uafásach** 'terribly'. **Iontach** and **uafásach** are adjectives in their own right, but in this usage are just adding intensity to other adjectives.

Tá sé sách fuar.	It's cold enough.
Tá sí iontach deas.	She's really very nice.
Tá sé uafásach te.	It's awfully hot.

Others like these include **réasúnta** 'reasonably', **cuíosach** 'fairly', **cineál** 'somewhat, sort of'.

Exercises

1 Make the following phrases plural.

1	bean óg	11	cat dubh
2	buachaill maith	12	carr mall
3	bean mhisniúil	13	duine uasal
4	buidéal folamh	14	teach bocht
5	madra mór	15	bó álainn
6	páiste cantalach	16	fuinneog shalach
7	ceol binn	17	cupán glan
8	deoch mhór	18	páipéar bán
9	post nua	19	cathaoir chompordach
10	máistreás mhaith	20	gloine bhriste

2 Make a single sentence with an attributive adjective phrase.

Feicim fear. Tá sé mór. → Feicim fear mór.
Feicim bean. Tá sí mór. → Feicim bean mhór.

1 Feicim teach. Tá sé bán.
2 Feicim fuinneog. Tá sí beag.
3 Feicim Gaeltacht. Tá sí mór.
4 Feicim feirmeoir. Tá sé bocht.
5 Feicim éadaí. Tá siad daor.
6 Feicim tine. Tá sí te.
7 Feicim buachaillí. Tá siad leisciúil.
8 Feicim bean. Tá sí tuirseach.
9 Feicim fir. Tá siad bocht.
10 Feicim seomra. Tá sé fuar.

3 Make predicate adjectives following the model:

Feicim bean mhaith. → Tá an bhean go maith.

1 Feicim cailín sásta.
2 Feicim tír álainn.
3 Feicim deoch bhlasta.
4 Feicim cearc mhór.
5 Feicim cláirseach mhaith.
6 Feicim buachaill deas.
7 Feicim scoil iontach.
8 Feicim gasúr olc.
9 Feicim bróga daora.
10 Feicim banaltra thuirseach.

4 Insert each phrase into the larger phrase next to it, making the original phrase genitive.

   1   an oifig mhór: doras _____
   2   an duine uasal: caint_____
   3   an t-asal beag: eireaball _____
   4   an ghaoth mhór: oíche _____
   5   an t-iasc úr: praghas _____
   6   an cnoc glas: ar mhullach _____
   7   na héadaí glana: ag triomú _____
   8   an ghruaig fhada: dath _____
   9   na doirse gorma: ag oscailt _____
   10 an t-amadán bocht: ainm _____
   11 an leabhar mór: ag léamh_____
   12 an bhean bhocht: ainm _____

5 Combine the sentences below into one with a prefixed adjective.

   Feicim fear. Tá sé go deas. → Feicim dea-fhear.

   1   Feicim teach. Tá sé sean.
   2   Feicim bean. Tá sí go deas.
   3   Feicim garraí. Tá sé go dona.
   4   Cloisim scéal. Tá sé fíor.
   5   Feicim bean. Tá sí sean.
   6   Feicim daoine. Tá siad sean.
   7   Cloisim amhrán. Tá sé go deas.
   8   D'ól mé pionta. Bhí sé go dona.
   9   Cloisim ceol. Tá sé go dona.
   10 D'ith muid béile. Bhí sé go deas.

6 Intensify the adjectives in the sentences below by adding each of the intensifiers listed in parentheses after them.

   1   Tá sé go maith. (an, rí, fíor)
   2   Tá Úna cantalach. (ró, fíor, síor, barr)
   3   Tá Peige ciúin. (rí, sách, ró, réasúnta)
   4   Tá an teach go deas. (an, fíor, barr)
   5   Tá tú leisciúil. (ró, an, barr, uafásach)
   6   Tá an áit seo plódaithe. (síor, sách, ró)
   7   Tá an ceol go breá. (rí, fíor, an)
   8   Tá an bus luath. (síor, ró, an)
   9   Tá mé uaigneach anseo. (ró, fíor, sách)
   10 Tá an mála sin trom. (an, ró, sách, barr)

Answers to exercises

1 1 mná óga. 2 buachaillí maithe. 3 mná misniúla. 4 buidéil fholmha. 5 madraí móra. 6 páistí cantalacha. 7 ceolta binne. 8 deochanna móra. 9 poist nua. 10 máistreásaí maithe. 11 cait dhubha. 12 carranna malla. 13 daoine uaisle. 14 tithe bochta. 15 ba áille. 16 fuinneoga salacha. 17 cupáin ghlana. 18 páipéir bhána. 19 cathaoireacha compordacha. 20 gloiní briste.

2 1 Feicim teach bán. 2 Feicim fuinneog bheag. 3 Feicim Gaeltacht mhór. 4 Feicim feirmeoir bocht. 5 Feicim éadaí daora. 6 Feicim tine the. 7 Feicim buachaillí leisciúla. 8 Feicim bean thuirseach. 9 Feicim fir bhochta. 10 Feicim seomra fuar.

3 1 Tá an cailín sásta. 2 Tá an tír go hálainn. 3 Tá an deoch blasta. 4 Tá an cearc mór. 5 Tá an chláirseach go maith. 6 Tá an buachaill go deas. 7 Tá an scoil go hiontach. 8 Tá an gasúr go holc. 9 Tá na bróga daor. 10 Tá an bhanaltra tuirseach.

4 1 doras na hoifige móire. 2 caint an duine uasail. 3 eireaball an asail bhig. 4 oíche na gaoithe móire. 5 praghas an éisc úir. 6 ar mhullach an chnoic ghlais. 7 ag triomú na n-éadach glan. 8 dath na gruaige fada. 9 ag oscailt na ndoirse gorma. 10 ainm an amadáin bhoicht. 11 ag léamh an leabhair mhóir. 12 ainm na mná boichte.

5 1 Feicim seanteach. 2 Feicim dea-bhean. 3 Feicim drochgharraí. 4 Cloisim fíorscéal. 5 Feicim seanbhean. 6 Feicim seandaoine. 7 Cloisim dea-amhrán. 8 D'ól mé drochphionta. 9 Cloisim droch-cheol. 10 D'ith muid dea-béile.

6 1 Tá sé go han-mhaith / an-mhaith / rímhaith / fíormhaith. 2 Tá Úna róchantalach / fíorchantalach / síorchantalach / barrchantalach. 3 Tá Peige ríchiúin / sách ciúin / róchiúin / réasúnta ciúin. 4 Tá an teach go han-deas / an-deas / fíordheas / barrdheas. 5 Tá tú róleisciúil / an-leisciúil / barrleisciúil / uafásach leisciúil. 6 Tá an áit seo síorphlódaithe / sách plódaithe / róphlódaithe. 7 Tá an ceol ríbhreá / fíorbhreá / an-bhreá / go han-bhreá. 8 Tá an bus síorluath / róluath / an-luath. 9 Tá mé ró-uaigneach / fíoruaigneach / sách uaigneach anseo. 10 Tá an mála sin an-trom / róthrom / sách trom / barrthrom.

UNIT TWENTY-TWO
Pronouns

Earlier lessons have included examples of pronouns as the subject and object of verbs. This unit will describe pronouns and their various forms in greater detail.

Subject and object pronouns

As subjects of a verb, pronouns may be included within the suffix that identifies the tense, or may appear separately in the same position as nouns.

Tuigim.	I understand.	**Thuig mé.**	I understood.
Feicimid Peige.	We see Peige.	**Feiceann muid Peige.**	We see Peige.
Bhíodar anseo.	They were here.	**Bhí siad anseo.**	They were here.

Most pronouns have the same form whether subject or object, but a few are different. Compare:

Tá sí anseo.	She is here.	**Tuigim í.**	I understand her.
Tá sé anseo.	He is here.	**Tuigim é.**	I understand him.
Tá siad anseo.	They are here.	**Tuigim iad.**	I understand them.
Tá tú anseo.	You are here.	**Tuigim t(h)ú.**	I understand you.

The third-person pronouns begin with s when they are used as subjects, but s disappears when they are objects, and **tú** may be lenited, becoming **thú**. The other pronouns, **mé**, **sibh**, and **muid** or **sinn** (in dialects that use them), do not change form.

It is not simply a matter of subject vs. object, however. The actual rule is that the forms with s are used when the pronoun

1 is the subject of the verb
  and
2 immediately follows the verb.

Thus, even subject pronouns don't have the *s-* forms when linked with **agus** 'and' to a preceding pronoun, or in copula sentences.

Bhí mise agus *eisean* ansin.   *He* and I were there.
(see below for these lengthened forms)
Is cailín deas *í*.   *She* is a nice girl.

The second-person pronoun follows these rules less consistently; some speakers use **tú** and some **thú**: **mise agus thusa** or **mise agus tusa**.

Contrast pronouns

The simple forms of the pronouns above are always unaccented and can never stand alone. To emphasize the pronoun, special contrast forms are created by adding a suffix, as follows:

Singular		*Plural*	
Simple form	*Contrast form*	*Simple form*	*Contrast form*
mé	**mise**	**sinn/muid**	**sinne/muidne**
t(h)ú	**t(h)usa**	**sibh**	**sibhse**
(s)é	**(s)eisean**	**(s)iad**	**(s)iadsan**
(s)í	**(s)ise**		

These forms establish a contrast, explicit or implicit, between the pronoun and some other person. In such cases, an English speaker might just use a stronger stress: 'I saw HIM'; 'was SHE there, too?' Irish requires the longer form in these cases. Contrast forms are also used when two pronouns are linked with **agus**, as above, and when a pronoun is used alone with no verb:

Cé hé sin?   Who's that?
Mise.   Me.

They are also usually used in equational copula sentences as well: **Is mise an bainisteoir** 'I am the manager'.

Féin

Another common way of accentuating pronouns is to add **féin** to the simple form. The basic meaning of **féin** is 'self', and it is used reflexively, i.e., when the subject and object are the same:

Ghortaigh mé mé féin.	I hurt myself.
Tá sí ag caint léi féin.	She's talking to herself.

It can also be used to focus attention on the person, and can even combine with a contrast form :

Rinne mé féin é.	} I myself did it.
Rinne mise mé féin é.	

Forms with **féin** can also be conjoined with **agus** and used as copula predicates:

Mé féin an bainisteoir.	I myself am the manager.
Tháinig mé féin agus Brian.	Brian and I came.

The differences between pronouns with **féin** and the contrast forms are subtle and cannot be dealt with here. Phrases like **mise agus tusa** and **mé féin agus tú féin** can be considered interchangeable; the important point to note is that simple pronouns like **mé** and **tú**, etc., cannot be used in the contexts described here.

Reciprocity, the sense of 'each other' is expressed by **a chéile**.

Bhuail siad a chéile.	They hit each other.
Labhair siad le chéile.	They talked to each other.

Demonstrative pronouns

We have seen demonstratives, **seo**, **sin**, **úd**, used in phrases with a noun and the article, as in **an duine sin** 'that person'. The same demonstratives can also be used as pronouns in combination with the simple third-person pronouns:

(s)é seo, (s)í seo	this one	**(s)iad seo**	these (people, things)
(s)é sin, (s)í sin	that one	**(s)iad sin**	those
(s)é siúd, (s)í siúd	that one	**(s)iad siúd**	those yonder

Siúd generally refers to people or things more distant than **sin**. These also provide another way of accenting a pronoun.

Tá sé seo blasta.	This is tasty.
An bhfeiceann tú í sin?	Do you see her/that one?

Since the contrast forms refer only to people, **sin/seo/siúd** are the only way to accentuate pronouns referring to inanimate objects.

Possessive pronouns

Pronouns identifying possessors are always unstressed and come before the noun they possess, much like the article **an**. Most also trigger a mutation on initial consonants of the possessed noun. The following illustrate:

mo theach	my house	**ár dteach**	our house
do theach	your house	**bhur dteach**	your (pl.) house
a theach	his house	**a dteach**	their house
a teach	her house		

Before a vowel, the plural possessives prefix *n-*, and the feminine singular prefixes *h*. **Mo** and **do** become **m'**, **d'**.

m'oifig	my office	**ár n-oifig**	our office
d'oifig	your office	**bhur n-oifig**	your (pl.) office
a oifig	his office	**a n-oifig**	their office
a hoifig	her office		

For contrast of these possessives, the suffix *-sa/se* is used, but it is attached to the noun:

m'oifigse	*my* office
ár dteachsa	*our* house

An alternative form is **an teach seo agam** 'my house'; **an teach seo againn** 'our house'. It is particularly common with plural possessors.

One

In Unit 10, **ceann** was introduced as a kind of pronoun form used to avoid repeating a noun after numbers. It is used with demonstratives and possessives as well, with a meaning similar to English 'one' in 'this one', 'that one'.

Déanann sé drochscannáin, ach tá an ceann sin go maith.
He makes bad movies, but that one is good.

Tá mo leabhar anseo; cá bhfuil do cheannsa?
My book is here; where's yours? (lit.'your one')

To refer to plural nouns, **cinn** is used, and for uncountable substances, **cuid** 'portion'.

Tá na húlla go maith; ithigí na cinn seo.
The apples are good; eat these (ones).

Feicim go leor leabhair ach ní fheicim mo chinnse.
I see many books, but I don't see mine.

Bhí neart bia ann; an bhfuair tú do chuid?
There's plenty of food; did you get yours?

Exercises

1 Choose the appropriate pronoun form in each sentence below.

   1 Feicim (siad/iad).
   2 An bhfuil (sí/í) anseo?
   3 Is mór an trua (sé/é).
   4 An bhfuil (tú/thú) sásta?
   5 Beidh mise agus (sise/ise) ag teacht anocht.
   6 An múinteoirí (siad/iad)?
   7 Feicfidh mé (tú/thú).
   8 Chuala mé (siad/iad) ag caint.
   9 Is iontach an duine (sé/é).
  10 An mbeidh (seisean/eisean) agus a bhean anseo?

2 Insert a pronoun in either simple or contrast or reflexive (with **féin**) form, as appropriate. Choose the person form that matches the underlined noun or pronoun.

   1 Cé hí <u>an cailín óg sin</u>? Is í m'iníon _____.
   2 Síl<u>im</u> go bhfuil _____ tinn.
   3 Dúirt <u>Bríd</u> go mbeidh _____ ag an gcruinniú, ach nach mbeidh a fear ann.
   4 Dia dui<u>t</u>. Cén chaoi a bhfuil _____?
   5 (Answer to 4): Tá ___ go maith, go raibh maith aga<u>t</u>. Cén chaoi a bhfuil ____?
   6 Tá <u>mé</u> ag rá lea<u>t</u> go bhfuil _____ agus _____ in ann an bua a fháil ar dhuine ar bith.
   7 Thit <u>Niall</u> agus ghortaigh sé _____.
   8 An bhfaca tú <u>na cailíní</u>? Chonaic mé ar an trá _____.
   9 Dia dui<u>t</u>. Mise Brian; cén t-ainm atá _____?
  10 An bhfaca duine ar bith <u>agaibh</u> an scannán sin?
     Chonaic _____ é, ach níor thaitin sé _____.

3 Fill in answers to the questions using an appropriate possessive pronoun.
   E.g.: Cá bhfuil do mhuintir? Tá <u>mo mhuintir</u> anseo.

   1 An bhfeiceann tú mo chóta?
      Feicim _____ansin.
   2 An í seo deirfiúr Mháirtín?
      Ní hí. Tá _____ ansiúd.
   3 An dtuigeann tú athair agus máthair Bhríde?
      Tuigim _____ ach ní thuigim _____.
   4 An bhfuil do mhac tinn?
      Tá _____ réasúnta tinn.
   5 Cén chaoi a bhfuil bhur gcairde?
      Tá _____ go maith.
   6 An raibh tú ag siopa Pháidín?
      Ní raibh mé ag _____ riamh.
   7 An bhfuil teach do thuismitheoirí mór nó beag?
      Tá _____ mór.
   8 An bhfeiceann tú ár ngasúir?
      Feicim _____ ansin.
   9 Cá bhfuil asal Úna agus Donncha?
      Tá _____ ansin.
  10 Cá bhfuil cairde Ruairí?
      Tá _____ ansin.
  11 An é sin d'athair nó d'uncail?
      Is é _____ é.
  12 An bhfuil deartháir Cháit anseo?
      Níl. Tá _____ i gCorcaigh.

Answers to exercises

1 1 Feicim iad. 2 An bhfuil sí anseo? 3 Is mór an trua é. 4 An bhfuil tú
   sásta? 5 Beidh mise agus ise ag teacht anocht. 6 An múinteoirí iad?
   7 Feicfidh mé thú. 8 Chuala mé iad ag caint. 9 Is iontach an duine é.
   10 An mbeidh seisean agus a bhean anseo?

2 1 Cé hí <u>an cailín óg sin</u>? Is í m'iníon í. 2 Sílim go bhfuil <u>mé</u> tinn. 3 Dúirt
   <u>Bríd</u> go mbeidh <u>sise</u> ag an gcruinniú, ach nach mbeidh a fear ann. 4 Dia
   dui<u>t</u>. Cén chaoi a bhfuil <u>tú</u>? 5 (Answer to 4): Tá <u>mé</u> go maith, go raibh
   maith aga<u>t</u>. Cén chaoi a bhfuil <u>tusa</u>? 6 Tá <u>mé</u> ag rá lea<u>t</u> go bhfuil <u>mise</u>
   agus <u>thusa/thusa</u> in ann an bua a fháil ar dhuine ar bith. [or mé féin agus
   tú/thú féin]. 7 Thit <u>Niall</u> agus ghortaigh sé <u>é féin</u>. 8 An bhfaca tú na cailíní?
   Chonaic mé ar an trá <u>iad</u>. 9 Dia dui<u>t</u>. Mise Brian; cén t-ainm atá <u>ortsa</u>?
   10 An bhfaca duine ar bith <u>agaibh</u> an scannán sin? Chonaic <u>muidne/sinne</u>
   é, ach níor thaitin sé <u>linn</u>.

3 1 Feicim <u>do chóta</u> ansin. 2 Ní hí. Tá <u>a dheirfiúr</u> ansiúd. 3 Tuigim <u>a hathair</u>
ach ní thuigim <u>a máthair</u> [or vice versa]. 4 Tá <u>mo mhac</u> réasúnta tinn.
5 Tá <u>ár gcairde</u> go maith. 6 Ní raibh mé ag <u>a shiopa</u> riamh. 7 Tá <u>a dteach</u>
mór. 8 Feicim <u>bhur ngasúir/ár ngasúir</u> ansin. 9 Tá <u>a n-asal</u> ansin. 10 Tá
<u>a chairde</u> ansin. 11 Is é <u>m'uncail (or m'athair)</u> é. 12 Níl. Tá <u>a deartháir</u> i
gCorcaigh.

UNIT TWENTY-THREE
Prepositions II: More prepositional pronouns

In Unit 9, several prepositions were introduced, with pronoun forms for three of them. This unit will present the prepositional pronouns for the others, as well as a few additional prepositions.

Do **and** de

These two prepositions are very similar in form, and some dialects are even showing signs of merging the two. They are distinguished primarily by their vowels, and are identical in the third-singular-feminine form even in the Caighdeán.

	Do	**De**
Singular		
me	**dom**	**díom**
you	**duit**	**díot**
him	**dó**	**de**
her	**di**	**di**
Plural		
us	**dúinn**	**dínn**
you (pl.)	**daoibh**	**díbh**
them	**dóibh**	**díobh**

Both prepositions are frequently pronounced as if lenited and sometimes even spelled this way. For example, the greeting **dia duit** is also spelled **dia dhuit**. **Do** is an important preposition for its use in greetings and follows verbs of giving and transmitting information, where it marks the recipient. It is also used for things that happen to people: **Cad a tharla duit?** 'What happened to you?' **De** is less frequent, but is used to refer to removal of items from a surface (including undressing) and with the verb **fiafraigh** 'ask (a question)'. It is also used in the phrase **búioch de** 'grateful to'.

D'inis siad scéal dom.	They told me a story.
Múineann sé Gaeilge do pháistí.	He teaches Irish to children.
Fiafraigh den mhúinteoir.	Ask the teacher.
Bhain mé mo chóta díom.	I took my coat off (lit. 'off me').

Faoi **and** ó

The pronominal forms of **faoi** 'under, about' and **ó** 'from' are given below. Both lenite an initial consonant of a following noun: **ó Shasana** 'from England', **faoi Cháit** 'about Cáit'.

	Faoi	**Ó**
Singular		
me	**fúm**	**uaim**
you	**fút**	**uait**
him	**faoi**	**uaidh**
her	**fúithi**	**uaithi**
Plural		
us	**fúinn**	**uainn**
you (pl.)	**fúibh**	**uaibh**
them	**fúthu**	**uathu**

In reference to locations, the pronoun forms of **faoi** are rare; **ó** is used with verbs like **imigh ó** 'depart from, take leave of', and **tóg ó** 'take from'. Both prepositions are used idiomatically with **bí** and a verbal noun structure:

Tá fúm Gaeilge a fhoghlaim.	I intend to learn Irish.
Tá uaim Gaeilge a fhoghlaim.	I want to learn Irish.

The phrase **Cad atá uait?** 'What do you want/need?' is also common.

In

Like **faoi**, conjugation of **in** is rare for locations, but the prepositional pronouns are useful in idioms.

Singular

me	**ionam**
you	**ionat**
him	**ann**
her	**inti**

Plural

us	**ionainn**
you (pl.)	**ionaibh**
them	**iontu**

The principal idiomatic use of pronominal **in** provides a common alternative to classification sentences with the copula.

Múinteoir atá ionam. Is múinteoir mé.	I'm a teacher.
Bothán atá ann. Is bothán é.	It's a shanty.
Tréidlia atá inti. Is tréidlia í.	She's a veterinarian.

The structure of these sentences will be covered in *Intermediate Irish*; for now, it suffices to note that the predicate (the name of the class) comes first followed by a special form of **tá**, **atá**, and the prepositional pronoun for what would be the English subject.

To express 'it's only X', the same pronoun forms are used, as follows:

Níl ann ach bothán.	It's only a shanty.
Níl iontu ach amadáin.	They're nothing but fools.

Ní (verb) . . . **ach** 'not . . . but' is the usual way to express 'only' in Irish.

Prepositions without prepositional pronouns

Several prepositions lack pronoun forms; instead, the normal non-subject forms are used. The most common such prepositions are these:

gan	without	**gan mé**	without me
go dtí	toward, to, until	**go dtí é**	to him
mar	as, like	**duine mar í**	a person like her
seachas	besides, except	**seachas tusa**	except you

When followed by a noun, **gan** and **mar** usually lenite the first consonant; **go dtí** and **seachas** do not. **Mar** eclipses nouns after **an**; the others have no effect (apart from gender effects of **an**).

Idir

Idir, 'between', has prepositional pronouns only in the plural:

eadrainn	between us
eadraibh	between you
eatarthu	between them

Separate pronouns are also used with **idir**: **idir mise agus tusa** 'between you and me'. Nouns after **idir** are not lenited when it means 'between':

Tá Droichead Átha idir Baile Átha Cliath agus Béal Feirste.
Drogheda is between Dublin and Belfast.

But they are lenited when **idir** means 'both' or 'among'.

cumarsáid idir dhaoine	communication between/among people
idir ghol agus gháire	both tears and laughter
Bhí idir fhir agus mhná ann.	Both men and women were there.

Exercises

1 For each preposition below, fill the blanks with the prepositional pronouns indicated in parentheses:

Do

 1 Ar chuala tú céard a tharla _____(mé)?
 2 Mhúin sé Fraincis mhaith _____ (sibh).
 3 Rinne mé cáca _____(iad).
 4 Cheannaigh sé bróga nua _____(muid).
 5 Míneoidh mé an scéal _____(thú).

De

 6 Níl a fhios agam, mar sin fiafróidh mé _____(sibh).
 7 Bain _____ do chóta, agus suigh síos (thú).
 8 D'fhiafraigh siad _____ (muid).
 9 Ná fiafraigh _____ (mise).
10 Íosfaidh muid cuid _____ seo (é).

Faoi

11 Tá _____ Rúisis a fhoghlaim (muid).
12 Bhí muid ag caint _____ (í).

13 Níl mé ag rá rud ar bith _____ (sibh).
14 Bhí _____ dul a chodladh go luath (iad).
15 Tá bord mór ansin agus go leor rudaí _____ (é).

Ó

16 Cad atá _____ (thú)?
17 Teastaíonn béile _____ (mé).
18 D'imigh a bhean _____ (é).
19 Is glas iad na cnoic i bhfad _____ (muid).
20 Níl rud ar bith ag teastáil _____(iad).

2 Fill the blanks with correct form of **idir** + pronoun (either separate or prepositional) to match the underlined phrase.

1 Bhí <u>siad</u> ag caint _____.
2 Tá droch-chuma ar <u>Phádraig</u>. Níl mórán _____ agus an bhás.
3 An bhfeiceann tú <u>Úna Bheag</u>? Níl mórán difríocht _____ agus a mháthair.
4 Fuair tú luach maith ar an gcarr a dhíol <u>tú</u> do <u>Dhonncha</u>. Bhí margadh maith déanta _____.
5 Ná hinis d'aon duine an scéal a d'inis mé dhuit. Coinneoidh <u>muid</u> _____ féin é.

3 Choose the correct preposition (**do, de, faoi, ó**) for each sentence and fill in a pronoun form that refers to the underlined noun or pronoun.

1 Dúirt <u>Síle</u> gur thug sibh cúnamh _____.
2 Tá <u>na tiománaithe bus</u> ar stailc; tá tuilleadh pá _____.
3 Beidh <u>Colm</u> anseo amárach, más fíor _____ féin.
4 Dúirt an dochtúir le <u>Nuala</u> nach bhfuil ag teastáil _____ ach codladh.
5 An bhfuil _____ imeacht anois, nó an bhfuil <u>tú</u> ag iarraidh fanacht tamall eile?
6 Abair leis <u>na gasúir</u> a mbróga salacha a bhaint _____.
7 Bhí _____ dul abhaile go luath, ach mar a tharla, d'fhan <u>mé</u>.
8 Níl aithne agam ar <u>Mhícheál</u>, ach chuala mé go leor _____.
9 Deir <u>Dónall</u> go bhfuil airgead ag teastáil _____.
10 Inis <u>dom</u> an raibh siad ag caint _____.
11 Breathnaigh ar an <u>leaba</u> ansin; tá do bhróga _____.
12 An bhfeiceann tú <u>an leaba úd</u>? An mbainfidh tú an t-éadach _____?

13 Dúirt <u>an fear sin</u> gur cheannaigh tú deoch _____.
14 Tá mé an-bhuíoch _____ go ndearna <u>tú</u> an obair sin.
15 Insígí dúinn an bhfuil aon rud ag teastáil _____.

4 Complete the following with an appropriate prepositional pronoun form
   of **in**.

   1 An innealtóir thú? Ní hea. Iriseoir atá _____.
   2 An raibh sibh san Iodáil an t-earrach seo caite? Ní raibh. Fomhar
      a bhí _____.
   3 An banaltra í Áine? Ní hea, dochtúir atá _____.
   4 Stop an tseafóid! Níl _____ ach amadán!
   5 Nach bhfuil teach mór acu? Níl, muis'! Arasán beag atá _____.
   6 Tá go leor airgid acu. Milliúnaithe atá _____.
   7 An múinteoir í? Ollamh atá _____.
   8 Is maith liom Daithí. Duine deas atá _____.
   9 Tá sibhse go hiontach freisin. An-chairde atá _____.
   10 An bhfuil aithne agat ar Mháire? Cailín deas atá _____.

5 Answer the following questions, using appropriate prepositional
   pronouns.

   1 Nach bhfuil fuadar faoi Chití?
   2 An bhfuil toitín ag teastáil uaibh?
   3 Ar thug tú cúnamh do na buachaillí?
   4 Nach mbainfidh sibh na bróga díbh?
   5 An bhfuil fút fanacht nó imeacht?
   6 An bhfuil tú buíoch de Bhreandán?
   7 An bhfuair tú litir ó Mháire?
   8 Ar tharla timpiste duit?
   9 An raibh siad ag caint faoi do chairde?
   10 An dteastaíonn aon rud ó na fir úd?

6 Translate.

   1 Máirín intends to marry a man like him.
   2 Séamas asked me but I couldn't give him an answer.
   3 I need to stop working now.
   4 One can't survive without food.
   5 Everyone heard the story except me.
   6 Take off your hat.
   7 I don't know what he wants.
   8 He's a farmer and she's a shopkeeper.
   9 What happened to you? I fell off the chair.
   10 Do you understand that? Explain it to me, please.

Answers to exercises

1   1 Ar chuala tú céard a tharla dom? 2 Mhúin sé Fraincis mhaith daoibh.
3 Rinne mé cáca dóibh. 4 Cheannaigh sé bróga nua dúinn. 5 Míneoidh
mé an scéal duit. 6 Níl a fhios agam, mar sin fiafróidh mé díbh. 7 Bain
díot do chóta, agus suigh síos. 8 D'fhiafraigh siad dínn é. 9 Ná fiafraigh
díomsa. 10 Íosfaidh muid cuid de seo. 11 Tá fúinn Rúisis a fhoghlaim.
12 Bhí muid ag caint fúithi. 13 Níl mé ag rá rud ar bith fúibh. 14 Bhí
fúthu dul a chodladh go luath. 15 Tá bord mór ansin agus go leor rudaí
faoi. 16 Cad atá uait? 17 Teastaíonn béile uaim. 18 D'imigh a bhean uaidh.
19 Is glas iad na cnoic i bhfad uainn. 20 Níl rud ar bith ag teastáil uathu.

2   1 Bhí siad ag caint eatarthu. 2 Tá droch-chuma ar Phádraig. Níl mórán
idir é agus an bhás. 3 An bhfeiceann tú Úna Bheag? Níl mórán difríocht
idir í agus a máthair. 4 Fuair tú luach maith ar an gcarr a dhíol tú do
Dhonncha. Bhí margadh maith déanta eadraibh. 5 Ná hinis d'aon duine
an scéal a d'inis mé dhuit. Coinneoidh muid eadrainn féin é.

3   1 Dúirt Síle gur thug sibh cúnamh di. 2 Tá na tiománaithe bus ar stailc;
tá tuilleadh pá uathu. 3 Beidh Colm anseo amárach, más fíor dó féin.
4 Dúirt an dochtúir le Nuala nach bhfuil ag teastáil uaithi ach codladh.
5 An bhfuil fút (or uait) imeacht anois, nó an bhfuil tú ag iarraidh fanacht
tamall eile? 6 Abair leis na gasúir a mbróga salacha a bhaint díobh.
7 Bhí fúm (or uaim) dul abhaile go luath, ach mar a tharla, d'fhan mé.
8 Níl aithne agam ar Mhícheál, ach chuala mé go leor faoi. 9 Deir Dónall
go bhfuil airgead ag teastáil uaidh. 10 Inis dom an raibh siad ag caint
fúm. 11 Breathnaigh leaba ansin; tá do bhróga fúithi. 12 An bhfeiceann
tú an leaba úd? An mbainfidh tú an t-éadach di? 13 Dúirt an fear sin gur
cheannaigh tú deoch dó. 14 Tá mé an-bhuíoch díot go ndearna tú an obair
sin. 15 Insígí dúinn an bhfuil aon rud ag teastáil uaibh.

4   1 An innealtóir thú? Ní hea. Iriseoir atá ionam. 2 An raibh sibh san Iodáil
an t-earrach seo caite? Ní raibh. Fómhar a bhí ann. 3 An banaltra í Áine?
Ní hea, dochtúir atá inti. 4 Stop an tseafóid! Níl ionat ach amadán!
5 Nach bhfuil teach mór acu? Níl, muis'! Árasán beag atá ann. 6 Tá go
leor airgid acu. Milliúnaithe atá iontu. 7 An múinteoir í? Ollamh atá inti.
8 Is maith liom Daithí. Duine deas atá ann. 9 Tá sibhse go hiontach freisin.
An-chairde atá ionaibh. 10 An bhfuil aithne agat ar Mháire? Cailín deas
atá inti.

5   1 Tá (OR Níl) fuadar fúithi. 2 Tá (OR Níl) toitín ag teastáil uainn. 3 Thug
(Níor thug) mé cúnamh dóibh. 4 Bainfidh (Ní bhainfidh) muid na bróga
dínn. 5 Tá fúm fanacht (OR imeacht). 6 Tá (OR Níl) mé buíoch de.
7 Fuair (Ní bhfuair) mé litir uaithi. 8 Tharla (Níor tharla) timpiste dom.

9 Bhí (Ní raibh) siad ag caint fúthu. 10 Teastaíonn (Ní theastaíonn) rud uathu.

6 1 Tá faoi Mháirín fear mar é a phósadh. 2 D'fhiafraigh Séamas díom ach ní raibh mé in ann freagra a thabhairt dó. 3 Teastaíonn uaim (or tá uaim) stopadh ag obair anois. 4 Ní féidir maireachtáil gan bhia. 5 Chuala gach duine ('chuile dhuine) an scéal seachas mise. 6 Bain díot do hata. 7 Níl a fhios agam céard atá uaidh. 8 Feirmeoir atá ann agus siopadóir atá inti. 9 Cad a tharla duit? Thit mé den chathaoir. 10 An dtuigeann tú é sin? Mínigh dom é, más é do thoil é.

UNIT TWENTY-FOUR
Possession and ownership

Irish has no verb 'to have' nor one meaning 'to own'. These concepts are expressed idiomatically using some of the prepositions introduced in Unit 9. These structures and some idioms based on them will be introduced in this unit.

'To have'

Possession is expressed with the verb **bí** 'be' and the preposition **ag** 'at'. The thing possessed is the subject, and the possessor is the object of **ag**:

Tá teach mór ag Cathal.	Cathal has a big house.
Níl páistí ag Áine.	Áine has no children.
Tá carr nua ag an ngréasaí.	The shoemaker has a new car.
Bhí saoire mhaith againn.	We had a good holiday.

If the possessor is a pronoun, the conjugated form is used, as in the last example. With nouns, the same mutations conditioned by **ag** + **an** apply as when **ag** means 'at'. In general, when the subject of **bí** refers to an inanimate object and the object of **ag** is human, the sentence will most likely be interpreted as meaning 'have', although the possessee can occasionally also be human, as in the second example above.

'To own'

Permanent ownership is expressed with **is** and the preposition **le** 'with'.

Is le mo mháthair an carr sin.	That car is my mother's/My mother owns that car.
Is liomsa an leabhar sin.	That's my book/I own that book.
Cé leis an cóta?	Who owns the coat/Whose coat is that?

In this usage, the thing owned comes last and is always a specific individual item, generally so identified by the use of **an** 'the'. Ownership of non-specific items, i.e., indefinite nouns, is expressed by the **bí** . . . **ag** construction:

Níl carr ar bith agam.	I don't own/have a car at all.
Tá trí theach ag mo dheirfiúr.	My sister owns/has three houses.

Idiomatic structures

The ownership structure with **le** is also used to signal family relationships. **Le** can be used to indicate the person who bears a particular relationship to some individual:

Cé hí an cailín sin?	Who is that girl?
Iníon le Tony Choilín í.	She's a daughter of Tony Choilín's.
Is uncail liom é.	He's my uncle/an uncle of mine.

It is also common to ask one's family connections with the question:

Cé leis thú?   What family are you from? (lit., Who do you belong to?)

Family resemblance is also expressed with **le**:

Tá sé cosúil lena athair.   He resembles/takes after his father.

Idioms using the 'have' construction with **bí** . . . **ag** are much more common. Frequently possession of skills and intellectual information is expressed this way:

Tá Gaeilge mhaith agat.	You speak (lit. have) good Irish.
Tá neart cainte ag Bríd.	Bríd talks a lot (has lots of talk).
Tá a fhios agam é.	I know it (have its knowledge).
An bhfuil snámh aige?	Can he swim? (Does he have swimming?)
Tá ceol aici.	She can play music.
Tá ciall aige.	He has sense (is sensible).
Tá an ceart agat.	You are right.
Tá súil agam . . .	I hope (lit. have an eye) . . .

Another useful idiom based on **súil** uses the preposition **le**; **súil** functions as a verbal noun (see Unit 20), with the meaning 'expect' or 'look forward to':

Tá mé ag súil leis.   I'm expecting him/it, I'm looking forward to it.

As in many European languages, certain emotions and physical states (being cold, sick, hungry, etc.) are expressed in Irish with a structure meaning 'have' plus a noun referring to the state (hunger, illness, etc.). Many of these use the preposition **ar** rather than **ag**.

Tá áthas orm.	I am happy (lit. have joy on me).
Tá brón orm.	I am sad (have sadness).
Tá aiféala orm.	I am sorry (have regret).
Tá fearg orm.	I am angry (have anger).
Tá imní orm.	I am worried (have worry).
Tá ocras orm.	I am hungry (have hunger).
Tá tart orm.	I am thirsty (have thirst).
Tá slaghdán orm.	I have a cold.
Tá tinneas cinn orm.	I have a headache.
Tá codladh orm.	I am sleepy (have sleeping).
Tá deifir orm.	I am in a hurry (have hurry).
Tá iontas orm.	I am surprised (have surprise/wonder).
Tá náire orm.	I'm embarrassed, ashamed (have shame).

Because the words indicating emotions and states are nouns, not adjectives, intensity is expressed by the adjective **mór** 'big, great' or by quantifiers like **go leor**, **neart**.

Tá tart mór orm.	I am very thirsty (have a great thirst).
Tá imní mór orm.	I am really worried (have a great worry).
Tá neart náire orm.	I am very ashamed (have plenty of shame).

The intensifier **an-** can be prefixed to nouns as an alternative:

Tá an-ocras orm.	I'm very hungry.

Some idioms use both **ag** and **ar**, the latter indicating what the feeling is about:

Tá meas agam air.	I have respect for him.
Tá cion agam ar Bríd.	I'm fond of Bríd (have affection for).
Tá an ghráin agam ar iasc.	I hate fish.

Similarly, though not an emotion:

Níl neart agam air.	I can't help it (lit. haven't strength on it).

Other idioms use either **ag** or **ar** and another preposition, often **le**, but sometimes others:

Tá foighde agat leis na páistí.	You are patient with the children.
Tá éad ar Bhríd le Máire.	Bríd is jealous of Máire.
Tá faitíos orm roimh mhadraí.	I'm afraid of dogs (have fear before).

Sometimes an adjective structure may alternate with a 'have' + noun idiom, possibly but not necessarily similar in form. In the examples below, both forms of expression are commonly heard:

Tá tuirse orm.	**Tá mé tuirseach.**	I am tired.
Tá tinneas orm.	**Tá mé tinn.**	I am sick.
Tá olc orm.	**Tá mé cantalach.**	I am cranky, cross.

For many of the idioms above, however, adjective forms, even if they exist, are rarely used. The idioms listed are the best way to talk about these feelings.

'Knowing'

The possession of knowledge is expressed by the 'have' idiom as well. A complication in Irish comes from the fact that there are three different ways of referring to knowledge, depending on the kind intended. **Fios** refers to factual knowledge:

Tá a fhios agam cé hé.	I know who he is.
An bhfuil a fhios agat go bhfuil sí tinn?	Do you know that she is sick?
Tá a fhios agam an áit.	I know the place (i.e., I know where the place is, what place is being spoken of).

In this usage, **fios** is always possessed: **a fhios** 'its knowledge'. Without the possessive marker, there is an implication of supernatural knowledge (e.g., of the future).

For acquaintanceship with a person, **aithne** is used:

An bhfuil aithne agat ar an bhfear sin?	Do you know that man?
Tá aithne mhaith agam ar Sheán.	I know Seán well.
Tá aithne shúl agam air.	I know him to see (have eye-acquaintance).

Eolas is academic knowledge, and is also used for a body of information.

Tá eolas aige ar an litríocht.	He knows literature.
An bhfuil eolas agaibh faoi chúrsaí Gaeilge?	Do you have information about Irish courses?
Níl eolas agam ar an gceimic.	I don't know about chemistry.

Finally, as noted earlier, the simple 'have' construction can be used for knowledge of a skill or something for performance:

Tá Fraincis aici.	She knows French.
Tá an scéal sin agam.	I know that story (to tell).
Tá 'An Droighneán Donn' aici.	She knows 'An Droighneán Donn' (a song).

Exercises

1 Review the prepositional pronouns by filling in the blank with the correct pronoun form of the preposition given.

E.g.: **Ag**: Tá a fhios <u>againn</u> (muid).

Ag

1 Tá cóta _____ (mé).
2 Tá ciall _____ (í).
3 Tá foighde _____ (muid).
4 Tá ceol _____ (é).
5 Tá an ceart _____ (tú).
6 Tá Spáinnis _____ (iad).
7 Tá aithne_____ air (muid).
8 Níl aon neart_____ air (sibh).
9 Tá airgead _____ (í féin).
10 Tá carr _____ (é).

Ar

11 Tá áthas _____ (mé).
12 Tá deifir _____(tú).
13 Tá brón _____ (iad).
14 Tá clú _____ (sibh).
15 Tá fearg _____ (muid).
16 Tá imní_____ (é).
17 Tá tart _____ (mé).
18 An bhfuil ocras _____ (tú)?
19 Tá náire _____ (iad féin).
20 Céard atá _____ (í)?

Le

21 Is deirfiúr _____í (é).
22 Beidh muid ag súil _____ (sibh).

23 Tá muid ag súil _____ (iad).
24 Is aintín _____ í (muid).
25 An í sin d'iníon? Tá sí an-chosúil _____ (tú).
26 Cé leis an deoch seo? Ní _____ é (mise).
27 Beidh féile mór anseo ag an deireadh seachtaine; tá muid ag súil
     go mór _____ (í).
28 Tá aithne agam ar mhuintir Mhic Dhonncha. An _____ sin
     tú (iad)?
29 Níl foighid agam _____ (sibh).
30 An bhfuil aithne agat ar Bhrian? Is mac _____ an
     buachaill sin. (é).

2 Translate, using the form of 'know' appropriate to the situation.

    1 Sheila knew my cousin.
    2 Do you know Russian?
    3 Doctors have knowledge about the heart.
    4 I don't know what we should do.
    5 She knows nothing about chemistry.
    6 We know Dublin well.
    7 Do you know Bríd?
    8 Does anyone know that song?
    9 Do you know where Mairéad lives?
   10 He doesn't know how to swim.
   11 I know what you did.
   12 She knows everybody in town, and what they're up to.

3 Fill the blanks with prepositional pronouns corresponding to the
   underlined words. Choose the preposition appropriate to each idiom.

    1 Deir sibh go bhfuil éad _____ le Peadar, ach cén fáth?
    2 Sílim go bhfuil slaghdán _____.
    3 Dúirt siad go raibh moill _____.
    4 Ní aithním an cailín úd; cé_____ í?
    5 Tá sibh tuirseach; an bhfuil ocras _____ chomh maith?
    6 Tá sé deacair foighde a bheith againn _____, nuair a
       bhíonn sibh dána.
    7 Buailfimid le chéile amárach, agus beidh deoch _____.
    8 Ní ithim feoil riamh. Tá an ghráin agam _____.
    9 Deir Mattias go bhfuil cion _____ ar Shorcha, ach ní chreidim
       é.
   10 Fanaigí ansin agus bíodh foighde _____.
   11 A Bhríd, an bhfuil deifir _____?
   12 Níor fhan na mná ródheireanach; bhí ciall _____.

13 Deir <u>Peige</u> go bhfuil súil _____ nach mbeidh báisteach ann amárach.

14 Deir <u>Máirtín</u> go bhfuil fearg _____ leis na gasúir.

15 Níl <u>Bairbre</u> ag dul ag marcaíocht, mar tá faitíos _____ roimh chapaill.

16 Tá <u>muid</u> ag dul chuig an teach ósta; tá tart _____.

17 Níl deartháir ar bith ag <u>Eibhlín</u>, ach tá seisear deirfiúr
_____.

18 Tá <u>Aoife</u> go deas; tá meas mór againn _____.

19 Labhraíonn <u>siad</u> Rúisis; tá go leor teangacha _____.

20 Tá aithne mhaith ag<u>am</u> ar an sagart; is uncail _____ é.

4 Complete the following, using an appropriate idiom with **ar** or **ag**: attribute the feeling to the individual referred to by the underlined noun.

1 Tá <u>na gasúir</u> ag ithe bricfeasta mhóir; tá_____ _____ inniu.

2 Tá cat <u>Sheáinín</u> marbh agus tá _____ _____ mar gheall air sin.

3 Beidh <u>Máirín</u> ag pósadh amárach; tá _____ _____ go mbeidh an lá go breá.

4 Tá <u>Bríd</u> ag rith; an bhfuil _____ _____?

5 Rinne <u>sé</u> rudaí a bhí uafásach; ba cheart go mbeadh _____
_____.

6 Nuair a bhí <u>mé</u> óg bhí _____ _____ roimh mhadraí móra, ach anois, is maith liom iad.

7 Beidh <u>Máire</u> ag casadh amhráin anocht; tá _____iontach
_____.

8 Bhí mé deireanach mar gheall ar <u>an mbus</u>; bhí _____
_____.

9 Ba cheart du<u>it</u> "gabh mo leithscéal" a rá nuair a bhíonn
_____ _____.

10 Tá <u>muid</u> an-sásta ar fad go bhfuil an lá go breá; tá _____
_____ go bhfuil an samhradh ag teacht.

5 Answer the questions with full sentences, using an appropriate prepositional pronoun.

1 An bhfuil tú ag éisteacht liom?

2 An bhfuil clann ag Bríd agus Máirtín?

3 An bhfuil slaghdán ort?

4 An bhfuil súil agaibh go mbuailfidh sibh le bhur gcairde?

5 An bhfanfaidh tú le do mhuintir?

6 An bhfuil oraibh imeacht chomh luath sin?

    7 An bhfuil aiféala ar na páistí?

    8 Céard atá ar Phádraig?

    9 An bhfuil an t-am againn le haghaidh deoch eile?

  10 An bhfuil teangacha eile ag Tomás?

  11 An dtaithníonn úlla libh?

  12 An mbreathnaíonn tú ar an gclár sin?

  13 An bhfuil deifir ar Ghráinne?

  14 An bhfuil tú ag fanacht le do mháthair?

  15 An leatsa an carr sin?

Answers to exercises

1 1 Tá cóta agam. 2 Tá ciall aici. 3 Tá foighde againn. 4 Tá ceol aige. 5 Tá an ceart agat. 6 Tá Spáinnis acu. 7 Tá aithne againn air. 8 Níl aon neart agaibh air. 9 Tá airgead aici féin. 10 Tá carr aige. 11 Tá áthas orm. 12 Tá deifir ort. 13 Tá brón orthu. 14 Tá clú oraibh. 15 Tá fearg orainn. 16 Tá imní air. 17 Tá tart orm. 18 An bhfuil ocras ort? 19 Tá náire orthu féin. 20 Céard atá uirthi? 21 Is deirfiúr leis í. 22 Beidh muid ag súil libh. 23 Tá muid ag súil leo. 24 Is aintín linn í. 25 An í sin d'iníon? Tá sí an-chosúil leat. 26 Cé leis an deoch seo? Ní liomsa é. 27 Beidh féile mór anseo ag an deireadh seachtaine; tá muid ag súil go mór léi. 28 Tá aithne agam ar mhuintir Mhic Dhonncha. An leo sin tú? 29 Níl foighde agam libh. 30 An bhfuil aithne agat le Brian? Is mac leis an buachaill sin.

2 1 Bhí aithne ag Síle ar mo chol ceathar. 2 An bhfuil Rúisis agat? 3 Tá eolas ag dochtúirí ar an gcroí. 4 Níl a fhios agam céard is ceart dúinn a dhéanamh. 5 Níl aon eolas (ar bith) aici ar an gceimic. 6 Tá eolas maith againn ar Bhaile Átha Cliath. 7 An bhfuil aithne agat ar Bhríd? 8 An bhfuil an t-amhrán sin ag duine ar bith? 9 An bhfuil a fhios agat cá bhfuil Máiréad ina cónaí? 10 Níl snámh aige. 11 Tá a fhios agam céard a rinne tú. 12 Tá aithne aice ar gach duine ar an mbaile, agus tá a fhios aici céard atá ar siúl acu.

3 1 Deir sibh go bhfuil éad oraibh le Peadar, ach cén fáth? 2 Sílim go bhfuil slaghdán orm. 3 Dúirt siad go raibh moill orthu. 4 Ní aithním an cailín úd; cé leis í? 5 Tá sibh tuirseach; an bhfuil ocras oraibh chomh maith? 6 Tá sé deacair foighde a bheith againn libh, nuair a bhíonn sibh dána. 7 Buailfimid le chéile amárach, agus beidh deoch againn. 8 Ní ithim feoil riamh. Tá an ghráin agam uirthi. 9 Deir Mattias go bhfuil cion aige ar Shorcha, ach ní chreidim é. 10 Fanaigí ansin agus bíodh foighde agaibh. 11 A Bhríd an bhfuil deifir ort? 12 Níor fhan na mná ro-dheireanach; bhí ciall acu. 13 Deir Peige go bhfuil súil aici nach mbeidh báisteach ann amárach. 14 Deir Máirtín go bhfuil fearg air leis na páistí. 15 Níl Bairbre

ag dul ag marcaíocht, mar tá faitíos uirthi roimh chapaill. 16 Tá muid ag dul ag an teach ósta; tá tart orainn. 17 Níl deartháir ar bith ag Eibhlín, ach tá seisear deirfiúracha aici. 18 Tá Aoife go deas; tá meas mór againn uirthi. 19 Labhraíonn siad Rúisis; tá go leor teangacha acu. 20 Tá aithne mhaith agam ar an sagart; is uncail liom é.

4 1 Tá na gasúir ag ithe bricfeasta mhóir; tá ocras orthu inniu. 2 Tá cat Sheáinín marbh agus tá brón air mar gheall air sin. 3 Beidh Máirín ag pósadh amárach; tá súil aici go mbeidh an lá go breá. 4 Tá Bríd ag rith; an bhfuil deifir uirthi (or moill uirthi)? 5 Rinne sé rudaí a bhí uafásach; ba cheart go mbeadh náire air. 6 Nuair a bhí mé óg bhí faitíos orm roimh madraí móra, ach anois, is maith liom iad. 7 Beidh Máire ag casadh amhráin anocht; tá ceol iontach aici. 8 Bhí mé deireanach mar gheall ar an mbus; bhí moill uirthi. 9 Ba cheart duit "gabh mo leithscéal" a rá nuair a bhíonn aiféala ort. 10 Tá muid an-sásta ar fad go bhfuil an lá go breá; tá áthas orainn go bhfuil an samhradh ag teacht.

5 1 Tá [or Níl] mé ag éisteacht leat. 2 Tá/Níl clann acu. 3 Tá/Níl slaghdán orm. 4 Tá/Níl súil againn go mbuailfidh muid leo. 5 Fanfaidh/Ní fhanfaidh mé leo. 6 Tá/Níl orainn imeacht chomh luath sin. 7 Tá/Níl aiféala orthu. 8 Níl rud ar bith air [or Níl a fhios agam céard atá air, etc.] 9 Tá/Níl an t-am againn [or agaibh] le haghaidh deoch eile. 10 Tá/Níl teangacha eile aige. 11 Taitníonn/Ní thaitníonn úlla linn. 12 Breathnaím/Ní bhreathnaím air. 13 Tá/Níl deifir uirthi. 14 Tá/Níl mé ag fanacht léi. 15 Is/Ní liom é.

UNIT TWENTY-FIVE
Verbal adjectives and the present perfect

The Irish verbal adjective corresponds to the English past participle. Every verb (except **bí**) has such a form, which may be used both as an adjective and as a verb.

Verbal adjective formation

The form of verbal adjectives is much simpler than that of verbal nouns. Most first conjugation verbs simply add *-ta* or *-te*, depending on final consonant quality, to the imperative stem, dropping a final *gh*. Final *t* or *th* is also dropped before the *-te* ending.

casta	twisted, turned	**briste**	broken
molta	recommended, praised	**sábháilte**	saved
dúnta	closed	**caillte**	lost
ólta	drunk	**nite**	washed
scriosta	destroyed	**léite**	read
goidte	stolen	**tite**	fallen

Verbs ending in *b, c, g, m, p, r* add *-tha/the*.

íoctha	paid	**cumtha**	composed
fágtha	left	**tuigthe**	understood
gearrtha	cut	**scuabtha**	swept

Mh and *bh* combine with *th* as *f*: **scríofa** 'written'.

The ending for second conjugation verbs ending in *-igh* is also *-the*; again, *gh* is dropped. Verbs of this class ending in a consonant usually add *-te* or *-the* depending on the consonant.

ceannaithe	bought	**ceangailte**	tied
éirithe	risen	**oscailte**	opened

tosaithe	begun	**eitilte**	flown
imithe	gone	**tarraingthe**	pulled

Some verbs of both classes broaden a final stem consonant and add *-ta/tha*:

cuir	**curtha**	put
siúil	**siúlta**	walked
labhair	**labhartha**	spoken
imir	**imeartha**	played

Most irregular verbs form their verbal adjectives according to the same patterns:

-ta/te

déanta	done
cloiste/cluinte	heard
faighte	gotten, found
ite	eaten

-tha/the

tagtha	come
feicthe	seen
beirthe	borne, carried

The others add regular suffixes to irregular stems. Verbal adjectives of **téigh** and **abair** are formed from the verbal noun and **tabhair** from the present/past stem:

dulta	gone
ráite	said
tugtha	given

Adjective functions

Verbal adjectives may be used exactly like any other descriptive adjective. They may be predicates, or modifiers in a phrase with a noun, in which case they are lenited when they modify a feminine noun. Because they all end in a vowel, there is no separate plural form.

Tá an fhuinneog briste.	The window is broken.
an fhuinneog bhriste	the broken window
Tá an balla péinteáilte.	The wall is painted.
an balla péinteáilte	the painted wall
Tá sí pósta.	She is married.
bean phósta	a married woman

Some verbs lend themselves to simple adjective interpretations better than others, but in principle, any verbal adjective can be used this way, given the right context. Adjectival uses may have specialized meanings, as when **casta** 'twisted' is used to mean 'complex' or 'complicated'.

Tá an cheist sin casta.	That question is complex.
an cheist chasta	the complex question

Verb functions

With **bí** as an auxiliary verb and an **ag** phrase to mark the actor, verbal adjectives have verbal force, similar in meaning to the English perfect tenses.

Tá an carr díolta aige.	He has sold the car.
Bhí béile mór ite againn.	We had eaten a big meal.
Tá cuid den leabhar léite agam.	I have read part of the book.
Tá litir scríofa agam.	I have written a letter/I have a letter written.
Beidh an obair déanta agam amárach.	I'll have the work done tomorrow.
Tá na páistí millte aici.	She has spoiled the children.

Emphasis here is on the accomplishment of an action or on the resulting state (e.g., completion of work or the character of the spoiled children) more than the action itself. These sentences also emphasize the recency of the action; in this they are similar in meaning to verbal nouns introduced by 'after':

Bhí muid tar éis béile mór a ithe.	We had (just) eaten a big meal.
Tá sé tar éis an carr a dhíol.	He's (just) sold the car.

Verbal adjectives are used rather less often than 'after' sentences in most dialects, although they have been growing in frequency. They also don't have the same range of uses as English present-perfect forms and tend to be avoided in questions and negatives, in favor of simple tenses.

Ní dhearna mé an obair fós.	I haven't done the work yet.
An bhfaca tú an scannán sin?	Have you seen that movie?

When the agent who performs the action isn't mentioned, the Irish perfect is often translated as an English passive, but this function is secondary; the state resulting from the action of the verb is what's important:

Tá an féar sábháilte.	The hay has been saved (harvested).
Tá an obair críochnaithe.	The work has been (is) finished.
Tá an seanbhalla leagtha.	The old wall has been knocked down.
Tá báisteach geallta.	Rain is forecast (lit. promised).

Perfect forms of intransitive verbs (only one participant) are also found, especially with motion verbs.

Tá sé imithe abhaile.	He's gone home.
Tá an geimhreadh tagtha.	Winter has come.

Three prefixes

Three prefixes can be added to verbal adjectives to create new compound adjectives: **so-** 'easily done', **do-** 'impossible (or very difficult) to do', and **in-** 'possible'. Each lenites the first consonant, where possible. A hyphen separates two vowels or identical consonants.

Tá sé dodhéanta.	It's impossible/very difficult.
Tá sé indéanta.	It's doable/feasible.
Tá sé sodhéanta.	It's easy to do.

The meanings given by **so-** and **in-** are often quite similar. Something easily done may translate as 'doable'. In some cases, however, meanings are distinct: **sothuighte** 'understandable', but **intuigthe** 'implied'.

Exercises

1 Give the verbal adjective form for each of the following verbs:

1	bailigh	16	bris
2	fág	17	aontaigh
3	rith	18	bruith
4	scar	19	imir
5	fás	20	éist
6	íoc	21	snámh
7	oscail	22	múin
8	dún	23	geall
9	réitigh	24	fill
10	gearr	25	póg
11	foghlaim	26	cimil
12	lobh	27	goid
13	glan	28	sín
14	bain	29	aistrigh
15	tosaigh	30	feic

2 Identify an idiomatic translation of the following verbal adjective forms, based on their use in context.

   1 Tá siad <u>geallta</u> ón Nollaig; pósfaidh siad an samhradh seo chugainn. (**geall** 'promise')
   2 An féidir linn bualadh le chéile an tseachtain seo chugainn? Tá mé <u>gafa</u> inniu. (**gabh** 'take, catch')
   3 Ní croithfidh mé lámh leat anois; bhí mé ag obair sa ghairdín, agus tá mo lámha <u>lofa</u>. (**lobh** 'rot')
   4 Ní féidir le páistí dul isteach ansin; tá cead isteach ag <u>daoine fásta</u> amháin.(**fás** 'grow')
   5 Bhí sé <u>caochta</u> nuair a tháinig sé abhaile ón teach ósta. (**caoch** 'blind')
   6 Tá an bhean sin <u>drochmhúinte</u>; ní dúirt sí 'más é do thoil é' ná 'go raibh maith agat'. (**múin** 'teach')

3 Change the following sentences to ones with a verbal adjective, following the model given.

Bhí Brid ag déanamh tae. → Tá an tae déanta aici anois.
Bhí Bríd ag imeacht. → Tá sí imithe anois.

   1 Bhí na buachaillí ag briseadh fuinneog.
   2 Bhí na gadaithe ag goid carranna.
   3 Bhí mé ag scríobh litreach chuig mo mhuintir.
   4 Bhí Maime ag réiteach béile.
   5 Bhí tú ag ní soithí.
   6 Bhí na fataí ag bruith.
   7 Bhí Máirtín ag insint scéalta.
   8 Bhí Seán ag líonadh mo ghloine.
   9 Bhí gach duine ag imeacht.
  10 Bhí muid ag bailiú airgid.
  11 Bhí na siopadóirí ag dúnadh na siopaí.
  12 Bhí an bheirt sin ag scaradh óna chéile.
  13 Bhí mé ag léamh leabhar suimiúil.
  14 Bhí muid ag ithe ár ndinnéir.
  15 Bhí Máire ag scuabadh an urláir.

4 Translate.

   1 The leaves have fallen.
   2 The door is opened.
   3 All the sheep were lost.
   4 The game is won.

5   They were all here, but most of them are gone now.
6   This food is rotten.
7   The clothes will be washed soon.
8   The new house is built out of wood.
9   I want a drink, but I've spent all my money.
10 Have you finished your work yet?
11 The mass has already been said.
12 This dress is ruined.

5   Paraphrase the following sentences using an expression with one of the prefixes **do-**, **so-**, or **in-**. E.g.: Tá sé furasta an seomra a ghlanadh. → Tá an seomra soghlanta.

1   Ní féidir an leabhar sin a léamh.
2   Tá sé furasta an obair sin a dhéanamh.
3   An féidir an t-uisce a ól?
4   Ní féidir na sléibhte a fheiceáil (mar gheall ar an gceo).
5   Tá sé furasta Fraincis a labhairt.
6   Tá sé fíordheacair an mhóin a bhaint.
7   Ní féidir an scéal sin a chreidiúint.
8   Is féidir an síol sin a chur.
9   Tá sé furasta an bharúil sin a thuiscint.
10 Ní féidir Donncha a athrú.
11 Is féidir an foireann seo agaibh a bhualadh go héasca.
12 Beidh sé furasta an carr sin a dhíol.
13 Ní féidir é sin a mhíniú.
14 Is furasta iad a scaradh ó chéile.
15 Ní féidir an tine sin a mhúchadh.

6 1   Using the prefixes from this lesson, make Irish words for the following:

   edible   legible   illegible   unbreakable   fragile   incredible
   unobtainable   inevitable   recognizable   feasible   forgivable
   navigable

   2   Give one-word English translations of the following:

   inghlactha   soghluaiste   iníoctha   somheallta   sobhuailte
   do-ólta   sofheicthe   inlasta   do-aistrithe   sochreidte

Answers to exercises

1 1 bailithe. 2 fágtha. 3 rite. 4 scartha. 5 fásta. 6 íoctha. 7 oscailte. 8 dúnta.
9 réitithe. 10 gearrtha. 11 foghlamtha. 12 lofa. 13 glanta. 14 bainte.
15 tosaithe. 16 briste. 17 aontaithe. 18 bruite. 19 imeartha. 20 éiste.
21 snáfa. 22 múinte. 23 geallta. 24 fillte. 25 pógtha. 26 cimilte. 27 goidte.
28 sínte. 29 aistrithe. 30 feicthe.

2 1 engaged. 2 very busy. 3 filthy. 4 adults. 5 drunk. 6 impolite, rude, bad-
mannered.

3 1 Tá na fuinneoga briste acu. 2 Tá na carranna goidte acu. 3 Tá an litir
scríofa agam. 4 Tá an béile réithithe aici. 5 Tá na soithí nite agat. 6 Tá
na fataí bruite. 7 Tá na scéalta inste aige. 8 Tá mo ghloine líonta aige.
9 Tá gach duine imithe. 10 Tá an t-airgead bailithe againn. 11 Tá na siopaí
dúnta acu. 12 Tá an bheirt acu scartha óna chéile. 13 Tá an leabhar léite
agam. 14 Tá ár ndinnéar ite againn. 15 Tá an t-urlár scuabtha aici.

4 1 Tá na duilleoga tite. 2 Tá an doras oscailte. 3 Bhí na caoirigh go léir
caillte. 4 Tá an cluiche buaite. 5 Bhí siad uilig anseo, ach tá an chuid is
mó acu imithe anois. 6 Tá an bia seo lofa. 7 Beidh na héadaí nite go
gairid. 8 Tá an teach nua tógtha as adhmad. 9 Tá deoch uaim, ach tá mo
chuid airgid caite agam. 10 An bhfuil do chuid oibre críochnaithe agat
fós? 11 Tá an t-aifreann ráite cheana. 12 Tá an gúna seo millte.

5 1 Tá an leabhar doléite. 2 Tá an obair sin sodhéanta. 3 An bhfuil an
t-uisce inólta? 4 Tá na sléibhte dofheicthe (mar gheall ar an gceo). 5 Tá
an Fhraincis solabhartha. 6 Tá mhóin do-bhainte. 7 Tá an scéal sin
dochreidte. 8 Tá an síol sin inchurtha. 9 Tá an bharúil sin sothuigthe.
10 Tá Donncha do-athraithe. 11 Tá an foireann seo agaibh sobhuailte.
12 Beidh an carr sin sodhíolta. 13 Tá sé sin domhínithe. 14 Tá siad
soscartha. 15 Tá an tine sin domhúchta.

6 1 inite, inléite, doléite, dobhriste, sobhriste, dothuigthe, dofhaighte,
dosheachanta, inaitheanta, indéanta, inmhaite, inseolta. 2 acceptable,
movable, payable, gullible, vulnerable, undrinkable, visible, flammable,
untranslatable, credible.

IRISH–ENGLISH AND ENGLISH–IRISH GLOSSARIES

A note on the vocabulary lists

The vocabulary lists that follow are not exhaustive. They include only words used in examples and exercises of this book. A few grammatical particles are omitted, as are most names, obvious loanwords, and closed classes of words which can be found together in particular lessons: e.g., possessive pronouns, prepositional pronouns, and numbers. The only definitions given for a word are those relevant to the examples in the book, but it should be noted that many words also have other uses than those given here. The verbs are presented in their imperative form, with the verbal noun (VN) in parentheses. Only the suffix is shown if it can be added directly to the imperative stem, or to the stem minus a final -igh, but the entire VN is provided in all other cases. Irregular forms of verbs are listed separately for each irregular tense stem, with dependent forms in parentheses. Nouns are given in the common singular form found in dictionaries, with the plural in parentheses. Plural suffixes are added directly to the noun, with omission of a final e when the suffix is -í, and a final -ach when the suffix is -aigh. Irregular plural forms, including any with changes of vowel or consonant, are given in their entirety.

Irish–English glossary

abair (rá)   say
ábalta   able
abhaile   homeward
abhainn (aibhneacha), *f.*   river
ach oiread   neither, either (*in negative sentences*)
acht (-anna)   act, law
adhmad (adhmaid)   wood
ag   at, by
agus   and
aiféala   regret
aifreann (aifrinn)   mass
aimsir   weather
ainm (-neacha)   name
aintín (-í), *f.*   aunt
aird, *f.*   attention, notice
airgead   money, silver
airigh (-eachtáil)   feel, perceive
áirigh (-eamh)   count, reckon
áirithe   a certain, particular
aiste (-í), *f.*   essay
aisteach   strange, odd
aisteoir (-í)   actor
aistrigh (-i)(ú)   translate, transfer
áit (-eanna), *f.*   place
ait   odd, strange
aithin (-t)   recognize
aithne   acquaintance, recognition
aithris   imitation
álainn   beautiful
Albain   Scotland
am (-anna)   time
amach   out(ward)
amadán (amadáin)   fool
amárach   tomorrow
amchlár (amchláir)   timetable, schedule
amháin   one
amharclann (-a), f.   theatre
amhrán (amhráin)   song
amhránaí (amhránaithe)   singer
an-   intensifying prefix
an   the
ann   there, in existence
anocht   tonight
anoir   from the east
anois   now
anseo   here
ansin   there, then

ansiúd   there (distant)
anuraidh   last year
aoibheann   pleasant
aois (-eanna), *f.*   age
aonach (aontaí)   market fair
aonbheannach   unicorn
aontaigh (-ú)   agree, unite
ar ais   back (in return)
ar bith   at all
ar fad   altogether, entirely
ar feadh   during, throughout
ar tí   about to
ar   on
arán   bread
áras (árais)   building, residence
arasán (arasáin)   apartment, flat
aréir   last night
arís   again
asal (asail)   donkey
áth (-anna)   ford
athair (aithreacha)   father
áthas   joy, happiness
athraigh (-ú)   change

b'fhéidir   maybe
bád (báid)   boat
bádóir (-í)   boatman
baile (-te)   town, village
Baile Átha Cliath   Dublin
bailigh (-iú)   collect, gather
bain (-t)   dig, extract, release, get, harvest
baincéir (-í)   banker
bainisteoir (-í)   manager
bainne   milk
báisteach, *f.*   rain
balla (-í)   wall
bán   white
banaltra (-í), *f.*   nurse
banphrionsa (-í), *f.*   princess
barr-   *intensifying prefix*
barúil (barúlacha), *f.*   opinion
bás (-anna)   death
beach (-a), *f.*   bee
beag   small
beagnach   almost
béal ((béil)   mouth
bealach (bealaí)   way, road
bean (mná), *f.*   woman
beannaigh (-ú)   greet, bless

béarfaidh   will bear, catch
Béarla   English (language)
bearr (-adh)   shave, clip, trim
beatha, *f.*   life
béile (-í)   meal
beir (breith)   bear, carry, catch
beirt   two people
beoir, *f.*   beer
bheith   being
bhí (ní raibh)   was
bí (bheith)   be
bia   food
bialann (-a), *f.*   restaurant
bileog (-a), *f.*   leaf, leaflet
binn   sweet
blasta   tasty
bláth (-anna)   flower
bliain (blianta), *f.*   year
bligh (bleán)   milk
bó (ba), *f.*   cow
bocht   poor
bord (boird)   table
bos (-a), *f.*   palm of hand
bosca (-í)   box
bothán (botháin)   shanty, shack
bóthar (bóithre)   road
bráillín (-í), *f.*   sheet
bratach (-a), *f.*   flag
breá   fine
bréagán (bréagáin)   toy
breathnaigh (-ú)   watch
breith   bearing, birth
bricfeasta (-í)   breakfast
briosca (-í)   biscuit, cookie
bris (-eadh)   break
bríste (-í)   trousers
briste   broken
bróg (-a), *f.*   shoe
brón   sorrow
bronntanas (brontannais)   gift
brúigh (brú)   push, press
bruith (bruith)   boil, cook
bua (-nna)   victory
buachaill (-í)   boy
buaigh (buachan)   win
buail (bualadh)   strike, hit, meet (*with* le)
buaiteoir (-í)   winner
buí   yellow
buidéal (buidéil)   bottle

buile   madness, frenzy
buíoch   grateful
búistéir (-í)   butcher
bus (-anna)   bus

cá   where
cabhair   help, assistance
cáca (-í)   cake
cách   everyone
cad   what
caife   coffee
cáil, *f.*   reputation
cailc, *f.*   chalk
cailín   girl
caill (-eadh)   lose
cailleach (-a), *f.*   old woman, hag
caint, *f.*   talk, talking
caipín (-í)   cap
Cáisc, *f.*   Easter
caith (-eamh)   throw, spend, smoke, consume
can (-adh)   sing
cantalach   cross, crabby
caoi (caíonna)   way, opportunity, (good) condition
cur caoi ar   fix
caora (caoirigh), *f.*   sheep
capall (capaill)   horse
cara (cairde)   friend
carr (-anna)   car
cartá (-í)   card
cas (-adh)   twist, turn, play (music)
cat (cait)   cat
catach   curly
cathair (cathracha), *f.*   city
cathaoir (-eacha), *f.*   chair
cathaoirleach (-ligh)   chairperson
cé   who, what
ceacht (-anna)   lesson
cead, (-anna)   permission, permit
ceangail (ceangal)   tie
ceann (cinn)   head, one
céanna   same
ceannaigh (-ach)   buy
ceannaire (-í)   chief, head person
ceap (-adh)   think
cearc (-a), *f.*   hen
céard   what
ceart (-a) (*noun and adjective*)   right
céile (-í)   partner, spouse, each other
céim (-eanna)   step, degree

ceimic, *f.* chemistry
ceist (-anna), *f.* question
ceo fog
ceol (-ta) music
ceolchoirm (-eacha), *f.* concert
ceoltóir (-í) musician
chéad first
cheana already, previously
chonaic (ní fhaca) saw
chuaigh (ní dheachaigh) went
chuala heard
'chuile every
ciall, *f.* sense, meaning
cill (cealla), *f.* churchyard
cimil (-t) rub
cineál somewhat, sort of
cinn (-eadh) fail
cinnte certain
cion affection
ciontacht, *f.* guilt
ciothfholcadh (-folctha) shower
cistin (-eacha), *f.* kitchen
ciúin quiet, silent
cláirseach (-a), *f.* harp
clann (-a), *f.* children, family, offspring
clár (-acha) board, program
cleacht (-adh) practice
clis (-eadh) fail
cloch (-a), *f.* stone
clog (cloig) clock
cloigeann (cloigne) head, skull
cloigín (-í) bell
clois (-teáil) hear
clú fame, reputation
cluas (-a), *f.* ear
cluiche (-í) game
cnámh (-a), *f.* bone
cnoc (cnoic) hill
cócaireacht, *f.* cooking
codlaigh (-adh) sleep
cogadh (cogaí) war
coinneal (coinnle) candle
coinnigh (-eáil) keep, continue
cóirigh (-iú) arrange, make right
coiste (-í) committee
col ceathar (-acha) first cousin
comharsa (-na), *f.* neighbour
comórtas (comórtais) competition, contest
compordach comfortable

contae (-tha) county
cos (-a), *f.* foot
cosúil like, similar
cóta (-í) coat
crann (crainn) tree
creid (-iúint) believe
críochnaigh (-ú) finish
croch (-adh) hang
croí (-the) heart
croith (-eadh) shake
cruinnigh (iú) gather, collect
cruinniú (cruinnithe) meeting, gathering
cuairt (-eanna) visit
cuid, *f.* part, portion, share
cuidigh (-ú) help
cuileog (-a), *f.* fly
cuimhnigh (-eamh) remember
cuíosach somewhat, fairly
cuir (cur) put, plant, send
cum (-adh) compose, invent
cuma (-í) appearance, condition
cuma equal, the same
cumarsáid, *f.* communication
cúnamh help, assistance
cupán (cupáin) cup
cúpla a couple of
cúpla twins
cúrsa (-í) course

dair (daracha), *f.* oak
dalta (-í) pupil
dána bold, naughty
daor expensive
dath (-anna) colour
de of, from
deá- good, nice
deacair difficult, hard
déan (-amh) make, do
deara (faoi deara, *with* tabhair) notice
déarfaidh will say
dearg red
deartháir (-eacha) brother
deas nice
deifir hurry, rush
deireadh (deirí) end
deireanach late
deireann says
deirfiúr (-acha), *f.* sister
deoch (-anna), *f.* drink

deoir (deora), *f.*   drop, tear
dia (déithe)   god
dífhostaíocht, *f.*   unemployment
dinnéar (dinnéir)   dinner
díol (díol)   sell
dlí (-the)   law
dlíodóir (-í)   lawyer
do   to, for
dócha   probable, likely
dochar   harm
dochtúir (-í)   doctor
dóigh (dó)   burn
dona   bad
doras (doirse)   door
dóthain   enough, sufficiency
dráma (-í)   play
draoi (-the)   druid
dréimire (-í)   ladder
droch-   bad
droichead (droichid)   bridge
duais (-eanna), *f.*   prize
dubh   black
duilleog (-a), *f.*   leaf
duine (daoine)   person
dúirt   said
dúisigh (-eacht)   awaken, wake up
dul   going, to go
dún (-adh)   close

é   him, it
éad   jealousy, envy
éadach (éadaí)   cloth
eala (-í), f   swan
éan (éin)   bird
éigean   necessity
éigeandáil (éigeandálaí), *f.*   emergency
éigin   some
eile   other, another,
Éire   Ireland
eireaball (eireabaill)   tail
Éireannach (-aigh)   Irish person
éirigh (éirí)   rise, succeed (*with* le)
éist (-eacht)   listen
eitil (-t)   fly
eitleán (eitleáin)   airplane
eochair (eochracha), *f.*   key
eolas   knowledge
fad   length
fada   long

fadó   long ago
fág (-áil)   leave
faigh (fáil)   get
fáinne (-í)   ring
faitíos   fear
fan (-acht)   stay, wait
faoi   under, about
farraige (-í), *f.*   sea
fás (fás)   grow
fata (-í)   potato
fáth (-anna)   reason
feadaíl, *f.*   whistling
fear (fir)   man
féar   grass, hay
fearg   anger
fearr   better
féasóg (-a) , *f.*   beard
feic (-eáil)   see
féidir   possible
féile (-te), *f.*   festival (*see also* feis)
féin   self
féirín (-í)   gift
feirmeoir (-í)   farmer
feis (-eanna), *f.*   festival (*see also* féile)
feoil (feolta), *f.*   meat
fiacal (fiacla), *f.*   tooth
fiaclóir (-í)   dentist
fiafraigh (-ú)   ask, inquire
file (-í)   poet
filíocht, *f.*   poetry
fill (-eadh)   return
fíon (-ta)   wine
fíor   true
fios   knowledge
fírinne, *f.*   truth
fiú   worth(while)
focal (focail)   word
foghlaim (foghlaim)   learn
foighde   patience
foireann (foirne)   team, staff, crew, cast
foirgneamh (foirgnimh)   building
folamh   empty
fómhar (fómhair)   autumn
fós   yet, still
Frainc, *f.*   France
Fraincis, *f.*   French (language)
francach (francaigh)   rat
freagair (-t)   answer, reply
freagra (-í)   answer

freisin also, too
fuacht cold
fuadar rush, bustle
fuair got
fuar cold
fuinneog (-a), *f.* window
furasta easy

gá need, necessity
gabh mo leithscéal excuse me
gach each, every
gadaí (gadaithe) thief
Gaeilge, *f.* Irish
gaeltacht (-aí), *f.* Irish-speaking community
Gaillimh Galway
gairdín (-í) garden
gáire laughter
gairid short (space, time)
gan without, not to (*with* VN)
garda (-í) guard, police officer
garraí (garraithe) field, garden
gasúr (gasúir) child
gé (-anna), *f.* goose
geall: V: geall (-adh); N: geall (-ta) bet, promise
Gearmánach (-aigh) German (nationality)
gearr (-adh) cut
geata (-í) gate
geimhreadh (geimhrí) winter
gheobhaidh (ní bhfaighidh) will get
glac (-adh) accept, receive
glan (-adh) clean
glaoch (-anna) call
glas green, grey
glasra (-í) vegetable
glic clever, sly
gloine (-í), *f.* glass
gnóthaigh (-ú) win
go dtí toward, to, until
go léir all
go leor many, lots
go to, toward, that (*subordinate clause*)
goid (goid) steal
goidé what
goil (gol) cry
gorm blue
gortaigh (-ú) injure, hurt
gráin, *f.* hatred
gréasaí (gréasaithe) shoemaker, cobbler
grian, (-ta), *f.* sun

gruaig, *f.*   hair
gúna (-í)   dress

hata (-í)   hat

i bhfad   long (time, distance)
i mbliana   this year
i ndiaidh   after
i(n)   in
iarr (-aidh)   request, ask, want
iarracht   effort, attempt
iarthar   Western region
iasc (éisc)   fish
iascaire (-í)   fisherman
idir   between
idirlíon   internet
im   butter
imigh (-eacht)   leave, depart
imir (-t)   play (game)
imní   worry
in ann   able
in éineacht   accompanying, with
iníon (-acha)   daughter
inis (insint)   tell
inné   yesterday
innealtóir (-í)   engineer
inniu   today
íoc (íoc)   pay
iomarca, *f.*   excess, too much
ionann   alike, identical
iontach   wonderful(ly)
iontas   wonder, surprise
íosfaidh   will eat
iris (-í), *f.*   journal
iriseoir (-í)   journalist
íseal   low
ith (-e)   eat

lá (laethanta)   day
labhair (-t)   speak
lách   pleasant, affable, friendly
lámh (-a), *f.*   hand
lao (-nna)   calf
lár   middle, centre
le chéile   together
le   with
leaba (leapacha), *f.*   bed
leabhar (leabhair)   book
leabharlann (-a), *f.*   library

léachtóir (-í) lecturer
leag (-an) lay, place, knock down
lean (-úint) follow
leanbh (linbh) child
leasainm (-neacha) nickname
leathanach (-aigh) page
leathuair (-eanta), *f.* half hour
léigh (-amh) read
léine (-te), *f.* shirt
leisciúil lazy
leithéid (-í), *f.* like, counterpart, equal
lig (ligean) let, permit
líon (-adh) fill
litir (litreacha), *f.* letter
lobh (lobh) rot
loch (-anna) lake
lóistín lodgings
luath early, soon
luch (-a), *f.* mouse
luigh (luí) lie down

mac (mic) son
mac léinn (mic . . .) student
madra (-í) dog
magadh teasing, mocking
maidin (-eacha), *f.* morning
mair (-eachtail) live, survive, last
máistir (máistrí) master
máistreás (-aí), *f.* mistress
maith (-eamh) forgive
maith good
mála (-í) bag
mall slow, late
mar a chéile alike, the same
mar gheall ar because of
mar like, as
maraigh (-ú) kill
margadh (margaí) market
más é do thoil é please
máthair (máithreacha), *f.* mother
mé I, me
meán óiche midnight
meas tú do you think?, I wonder
meas respect
meisce drunkenness
mí (-onna), *f.* month
mian wish, desire
mil, *f.* honey
mill (-eadh) spoil, ruin

milliúnaí (milliúnaithe)   millionaire
minic   often
mínigh (-iú)   explain
misniúil   courageous
moch   early (in morning)
moill   delay
móin, *f.*   turf, peat
mol (-adh)   praise, recommend
mór   big
mórán   much, many
muc (-a), *f.*   pig
múch (-adh)   quench, smother, turn off
muid   we, us
muileann (muilte)   mill
múinteoir (-í)   teacher
muintir, *f.*   people, family, folk
mullach (-aí)   summit, top
múr (-tha)   shower

n'fheadar   I wonder, I don't know
ná   nor
náire   shame, embarrassment
náisiúnta   national
nead (-acha), *f.*   nest
neart   strength, plenty
ní foláir   it is necessary
nigh (ní)   wash
níor mhiste (le)   it would be as well to, wouldn't mind
nóiméad (nóiméid)   minute
nua   new
nuachtán (nuachtáin)   newspaper
nuair   when

ó   from
obair (oibreacha), *f.*   work
ocras   hunger
óg   young
oíche (-anta), *f.*   night
oifig (-í), *f.*   office
oileán (oileáin)   island
ól (ól)   drink
olann, *f.*   wool
olc   bad, evil, nasty
ollamh (ollaimh)   professor
orlach (orlaí)   inch
os comhair   in front of
oscail (-t)   open
ospidéal (ospidéil)   hospital
óstán (óstáin)   hotel, inn

pá   pay, wages
páipéar (páipéir)   paper
páirc (-eanna), *f.*   park, field
páiste (-í)   child
parcáil (parcáil)   park
peann (pinn)   pen
peil, *f.*   football
péinteáil (péinteáil)   paint
pian (-ta), *f.*   pain
pictiúr (pictiúir)   picture
pingin (-í), *f.*   penny
pinsinéir (-í)   pensioner, retired person
píolóta (-í)   pilot
pionta (-í)   pint
píosa (-í)   piece
pláta (-í)   plate
pléigh (plé)   discuss, deal with
plódaithe   crowded
pluid (-eanna), *f.*   blanket
pobal (pobail)   community, congregation
póca (-í)   pocket
póg (-adh)   kiss
polaitíocht, *f.*   politics
pós (-adh)   marry
post (poist)   post, mail, job
potaire (-í)   potter
praghas (-anna)   price
punt (puint)   pound (money)

rá   saying
rachaidh   will go
radharc (radhairc)   view
ramhar   fat
réaltóg (-a), *f.*   star
réasúnta   reasonable, reasonably
réidh   ready, easy, smooth
réitigh (réiteach)   prepare
rí (-the)   king
rí   *intensifying prefix*
riamh   ever
rince   dancing
rinne (ní dhearna)   did
rith (rith)   run
ro-   too, excessively
roinn (-t)   divide, share
roinnt   some
rón (-ta)   seal
rud (-aí)   thing

rug   bore, carried, caught
rúnaí (rúnaithe)   secretary

sábháil (sábháil)   save
sách   sufficiently
sagart (sagairt)   priest
saibhir   rich
salach   dirty
salaigh (-ú)   make dirty
samhradh (samhraí)   summer
saoire, *f.*   holiday, vacation
saoirse, *f.*   freedom
saol (-ta)   life
saor   cheap, free
saothraigh (-ú)   earn
Sasana   England
sásta   satisfied, pleased
scaip (-eadh)   scatter
scannán (scannáin)   film
scar (-adh)   separate
scéal   story
scian (sceana), *f.*   knife
scioptha   fast
sciorta (-í)   skirt
scoil (f.) -eanna   school
scór (-tha)   score
scríbhneoir (-í)   writer
scríobh (scríobh)   write
scrios (-adh)   destroy
scuab (-adh)   sweep
sé, é   he, it
seachain (-t)   avoid, mind
seachas   except, besides
seachtain (-í), *f.*   week
seacláid, *f.*   chocolate
seafóid, *f.*   foolishness
sean   old
seas (-amh)   stand
seinn (seinm)   play (music)
séipéal (séipéil)   chapel
seo   this
seoladh (seoltaí)   address
seomra (-í)   room
sí, í   she, her
siad, iad   they
sibh   you (*plural*)
sicín (-í)   chicken
síl   think
sín (-eadh)   stretch, extend

sin that
sinn us
síol (-ta) seed
siopa (-í) shop
siopadóir (-í) shopkeeper
siopadóireacht, *f.* shopping
síor- constant, continual
siúcra sugar
siúd that (distant), yon
siúil (siúl) walk
slaghdán (slaghdáin) cold (illness)
sláinte, *f.* health
slán safe, well
slí, (slite), *f.* way
sliabh (sléibhte) mountain
snámh (snámh) swim
sneachta snow
socraigh arrange, settle, solve
soitheach (soithí) vessel, dish
spéir (spéartha), *f.* sky
spideog (-a), *f.* robin
spórt (-eanna) sport, fun
spúnóg (-a), *f.* spoon
sráid (-eanna), *f.* street
staidéar study(ing)
stoca (-í) stocking
stop (-adh) stop
strainséir (-í) stranger
sú, (-tha) *f.* berry
suas upwards
suigh (suí) sit
súil (-e), *f.* eye, hope (in phrase 'Tá súil ag')
suimiúil interesting

tá (níl) is, am, are
tabhair (-t) give
tabharfaidh will give
tada nothing
tagann comes
taisce store, treasure, hoard
taispeáin (-t) show
taitin (taitneamh) be pleasing
talamh (tailte) land
tamall (tamaill) a while, short time period
taobh (-anna) side
tar (teacht) come
tar éis after, to have just
tarbh (tairbh) bull
tarla (tarlú) happen

tart   thirst
te   hot
teach (tithe)   house
teach an phobail (tithe pobail)   church
teacht   coming, arrival
teanga (-i),   tongue, language
téarma (í)   term
teas   heat
teastaigh (-áil)   be lacking, needed
téigh   go
teip (-eadh)   fail
tháinig   came
ticéad (ticéid)   ticket
tig le   can
timpeall   around, approximately
timpiste (-í)   accident
tine (tinte), *f.*   fire
tinn   sick
tinneas (tinnis)   sickness
tiocfaidh   will come
tiomáin (-t)   drive
tiománaí (tiománaithe)   driver
tír (tíortha), *f.*   country
tit (-im)   fall
tobar (toibreacha)   well
tóg (-áil)   take, build
toitín (-í)   cigarette
toradh (torthaí)   result, fruit (*plural*)
torann (torainn)   noise
tosaigh (-ú)   start
trá (-nna), *f.*   beach, strand
traein (treanacha), *f.*   train
tráthnóna (-í)   afternoon, evening
tréidlia (-nna)   veterinarian
triail   try
triomaigh (-ú)   dry
troigh (throithe)   foot (measurement)
trom   heavy
trua (-nna), *f.*   pity
tú, thú   you (*singular*)
tugann   gives
tuig (tuiscint)   understand
tuirseach   tired
tuismitheoir (-í)   parent
turasóir (-í)   tourist

uachtarán (uachtaráin)   president
uafásach   terrible, terribly
uaigneach   lonely

uair (-eanta), *f.* hour, time, occasion
uasal noble
ubh (uibheacha), *f.* egg
úd that (distant), yonder
údar (údair) author
uilig all
uimhir (uimhreacha), *f.* number
uisce water
úll (-a) apple
uncail (-eacha) uncle
urlár (urláir) floor
úrscéal (-ta) novel

English–Irish glossary

able ábalta, in ann
about faoi
about to ar tí
accept glac (-adh)
accident timpiste (-í)
accompanying in éineacht
acquaintance aithne
act, law acht (-anna)
actor aisteoir (-í)
address seoladh (seoltaí)
affable lách
affection cion
after i ndiaidh, tar éis
afternoon tráthnóna (-í)
again arís
age aois (-eanna), *f.*
agree aontaigh (-ú)
airplane eitleán (eitleáin)
alike ionann, mar a chéile
all go léir, uilig
almost beagnach
already cheana
also freisin
altogether ar fad
and agus
anger fearg
another eile
answer (*verb*) freagair (-t)
answer (*noun*) freagra (-í)
apartment arasán (arasáin)
appearance cuma (-í)
apple úll (-a)
approximately timpeall

around   timpeall
arrange   cóirigh (-iú), socraigh (ú)
arrival   teacht
as   mar
ask   fiafraigh (-ú), iarr (-aidh)
assistance   cabhair, cúnamh
at   ag
at all   ar bith
attempt   iarracht
attention   aird, *f.*
aunt   aintín (-í), *f.*
author   údar (údair)
autumn   fómhar (fómhair)
avoid   seachain (-t)
awaken   dúisigh (-eacht)

back (in return)   ar ais
bad   dona, olc, droch-
bag   mála (-í)
banker   baincéir (-í)
be   bí (bheith)
be needed   teastaigh (-áil)
be pleasing   taitin (taitneamh)
beach   trá (-nna), *f.*
bear (verb)   beir (breith)
beard   féasóg (-a), *f.*
beautiful   álainn
because of   mar gheall ar
bed   leaba (leapacha), *f.*
bee   beach (-a), *f.*
beer   beoir, *f.*
being   bheith
believe   creid (-iúint)
bell   cloigín (-í)
berry   sú, (-tha) *f.*
besides   seachas
bet   geall (*VN*: -adh, *plural*: -ta)
better   fearr
between   idir
big   mór
bird   éan (éin)
birth   breith
biscuit   briosca (-í)
black   dubh
blanket   pluid (-eanna), *f.*
bless   beannaigh (-ú)
blue   gorm
board, program   clár (-acha)
boat   bád (báid)

boatman   bádóir (-í)
boil   bruith (bruith)
bold   dána
bone   cnámh (-a), *f.*
book   leabhar (leabhair)
bore   rug
bottle   buidéal (buidéil)
box   bosca (-í)
box   bosca (-í)
boy   buachaill (-í)
bread   arán
break   bris (-eadh)
breakfast   bricfeasta (-í)
bridge   droichead (droichid)
broken   briste
brother   deartháir (-eacha)
build   tóg (-áil)
building   foirgneamh (foirgnimh); áras (árais)
bull   tarbh (tairbh)
burn   dóigh (dó)
bus   bus (-anna)
butcher   búistéir (-í)
butter   im
buy   ceannaigh (-ach)
by   ag

cake   cáca (-í)
calf   lao (-nna)
call   glaoch (-anna)
came   tháinig
can   tig le
candle   coinneal (coinnle)
cap   caipín (-í)
car   carr (-anna)
card   cartá (-í)
carried   rug
carry   beir (breith)
cat   cat (cait)
catch   beir (breith)
caught   rug (ar)
centre   lár
certain   cinnte, áirithe
chair   cathaoir (-eacha), *f.*
chairperson   cathaoirleach (-ligh)
chalk   cailc, *f.*
change   athraigh (-ú)
chapel   séipéal (séipéil)
cheap, free   saor
chemistry   ceimic, *f.*

chicken sicín (-í)
chief ceannaire (-í)
child gasúr (gasúir), leanbh (linbh), páiste (-í)
children clann (-a), *f.*
chocolate seacláid, *f.*
church teach an phobail (tithe pobail)
churchyard cill (cealla), *f.*
cigarette toitín (-í)
city cathair (cathracha), *f.*
clean glan (-adh)
clever glic
clip bearr (-adh)
clock clog (cloig)
close dún (-adh)
cloth éadach (éadaí)
coat cóta (-í)
cobbler gréasaí (gréasaithe)
coffee caife
cold fuacht (noun), fuar (adj.)
cold (illness) slaghdán (slaghdáin)
collect bailigh (-iú), cruinnigh (-iú)
colour dath (-anna)
come tar (teacht)
comes tagann
comfortable compordach
coming teacht
committee coiste (-í)
communication cumarsáid, *f.*
community pobal (pobail)
competition comórtas (comórtais)
compose, cum (-adh)
concert ceolchoirm (-eacha), *f.*
condition cuma (-í); caoi (caíonna), *f.*
constant síor-
consume caith (-eamh)
contest comórtas (comórtais)
continual síor-
continue coinnigh (-eáil)
cook bruith (bruith)
cookie briosca (-í)
cooking cócaireacht, *f.*
count áirigh (-eamh)
counterpart leithéid (-í), *f.*
country tír (tíortha), *f.*
county contae (-tha)
couple cúpla
courageous misniúil
course cúrsa (-í)
cousin col ceathar (-acha)

cow bó (ba), *f.*
crabby cantalach
crew foireann (foirne)
cross cantalach
crowded plódaithe
cry goil (gol)
cup cupán (cupáin)
curly catach
cut gearr (-adh)

dancing rince, damhsa
daughter iníon (-acha)
day lá (laethanta)
death bás (-anna)
degree céim (-eanna)
delay moill
dentist fiaclóir (-í)
depart imigh (-eacht)
desire mian
destroy scrios (-adh)
did rinne (ní dhearna)
difficult deacair
dig bain (-t)
dinner dinnéar (dinnéir)
dirty salaigh (-ú), salach
discuss pléigh (plé)
dish soitheach (soithí)
divide roinn (-t)
do déan (-amh) (*past*: rinne)
doctor dochtúir (-í)
dog madra (-í)
donkey asal (asail)
door doras (doirse)
dress gúna (-í)
drink deoch (-anna), *f.*; ól (ól)
drive tiomáin (-t)
driver tiománaí (tiománaithe)
drop deoir (deora), *f.*
druid draoi (-the)
drunkenness meisce
dry triomaigh (-ú)
Dublin Baile Átha Cliath
during ar feadh

each gach
each other a chéile
ear cluas (-a), *f.*
early moch, luath
earn saothraigh (-ú)

Easter Cáisc, *f.*
easy furasta, réidh
eat ith (VN: ithe, *future*: íosfaidh)
effort iarracht
egg ubh (uibheacha), *f.*
either (*in negative sentences*) ach oiread
embarassment náire
emergency éigeandáil (éigeandálaí), *f.*
empty folamh
end deireadh (deirí)
engineer innealtóir (-í)
England Sasana
English (language) Béarla
enough dóthain
entirely ar fad
envy éad
equal cuma; N: leithéid (-í), *f*
essay aiste (-í), *f.*
evening tráthnóna (-í)
ever riamh
every gach, 'chuile
everyone cách
evil olc
except seachas
excess iomarca, *f.*
excuse me gabh mo leithscéal
expensive daor
explain mínigh (-iú)
extend sín (-eadh)
extract bain (-t)
eye súil (-e), *f.*

fail cinn (-eadh), clis (-eadh), teip (-eadh)
fairly cineál, cuíosach
fall tit (-im)
fame clú
family clann (-a), *f.*, muintir, *f.*
farmer feirmeoir (-í)
fast scioptha
fat ramhar
father athair (aithreacha)
fear faitíos
feel airigh (-eachtáil)
festival féile (-te), *f.*, feis (-eanna), *f.*
few cúpla
field garraí (garraithe); páirc (-eanna), *f.*
fill líon (-adh)
film scannán (scannáin)
fine breá

finish críochnaigh (-ú)
fire tine (tinte), *f.*
first chéad
fish iasc (éisc)
fisherman iascaire (-í)
fix cur caoi ar
flag bratach (-a), *f.*
flat arasán (arasáin)
floor urlár (urláir)
flower bláth (-anna)
fly (*noun*) cuileog (-a), *f.*
fly (*verb*) eitil (-t)
fog ceo
follow lean (-úint)
food bia
fool amadán (amadáin)
foolishness seafóid, *f.*
foot cos (-a), *f.*
foot (measurement) troigh (throithe)
football peil, *f.*
for do
ford áth (-anna)
forgive maith (do), (VN: -eamh)
France Frainc, *f.*
freedom saoirse, *f.*
French Fraincis, *f.*
frenzy buile
friend cara (cairde)
friendly lách
from ó, de
fruit torthaí
fun spórt (-eanna)

Galway Gaillimh
game cluiche (-í)
garden garraí (garraithe); gairdín (-í)
gate geata (-í)
gather bailigh (-iú), cruinnigh (-iú)
German (nationality) Gearmánach (-aigh)
get -faigh (fáil; *past*: fuair; *future*: gheobhaidh), bain (-t)
gift bronntanas (brontannais), féirín (-í)
girl cailín
give -tabhair (-t; *present*: tugann; *future*: tabharfaidh)
glass gloine (-í), *f.*
go téigh (dul; *past*: chuaigh; *future*: rachaidh)
god dia (déithe)
good maith, deá-
goose gé (-anna), *f.*
got fuair

grass féar
grateful buíoch
green glas
greet beannaigh (-ú)
grey glas
grow fás (fás)
guard garda (-í)
guilt ciontacht, *f.*

hag cailleach (-a), *f.*
hair gruaig, *f.*
half hour leathuair (eanta), *f.*
hand lámh (-a), *f.*
hang croch (-adh)
happen tarla (tarlú)
happiness áthas
hard deacair
harm dochar
harp cláirseach (-a), *f.*
harvest bain (-t)
hat hata (-í)
hatred gráin, *f.*
have just tar éis
hay féar
he sé, é
head ceann (cinn), cloigeann (cloigne)
health sláinte, *f.*
hear clois (-teáil; *past*: chuala)
heart croí (-the)
heat teas
heavy trom
help (*noun*) cabhair, cúnamh
help (*verb*) cuidigh (-ú)
hen cearc (-a), *f.*
her sí, í, a
here anseo
hill cnoc (cnoic)
him é
his a
hit buail (bualadh)
hoard taisce
holiday saoire, *f.*
homeward abhaile
honey mil, *f.*
hope (*verb*) tá súil ag
horse capall (capaill)
hospital ospidéal (ospidéil)
hot te
hotel óstán (óstáin)

hour   uair (-eanta), *f.*
house   teach (tithe)
hunger   ocras
hurry   deifir, *f.*
hurt   gortaigh (-ú)

I   mé
identical   ionann, mar a chéile
imitation   aithris
in   i(n)
in front of   os comhair
inch   orlach (orlaí)
injure   gortaigh (-ú)
inquire   fiafraigh (-ú)
interesting   suimiúil
internet   idirlíon
invent   cum (-adh)
Ireland   Éire
Irish (language)   Gaeilge, *f.*
Irish (nationality)   Eireannach (-aigh)
Irish-speaking community   gaeltacht (-aí), *f.*
is   tá (níl)
island   oileán (oileáin)
it   sé, sí, é, í

jealousy   éad
job   post (poist)
journal   iris (-í), *f.*
journalist   iriseoir (-í)
joy   áthas

keep   coinnigh (-eáil)
key   eochair (eochracha), *f.*
kill   maraigh (-ú)
king   rí (-the)
kiss   póg (-adh)
kitchen   cistin (-eacha), *f.*
knife   scian (sceana), *f.*
knock down   leag (-an)
knowledge   eolas, fios, aithne

lack   teastaigh (-áil)
ladder   dréimire (-í)
lake   loch (-anna)
land   talamh (tailte)
language   teanga (-í)
last (*verb*)   mair (-eachtáil)
last night   aréir
last year   anuraidh

late   deireanach, mall
laughter   gáire
law   acht (-anna), dlí (-the)
lawyer   dlíodóir (-í)
lay   leag (-an)
lazy   leisciúil
leaf   duilleog (-a), *f.*, bileog (-a), *f.*
leaflet   bileog (-a), *f.*
learn   foghlaim (foghlaim)
leave   imigh (imeacht, *intransitive*: fág (-áil, trans.)
lecturer   léachtóir (-í)
length   fad
lesson   ceacht (-anna)
let   lig (ligean)
letter   litir (litreacha), *f.*
library   leabharlann (-a), *f.*
lie down   luigh (luí)
life   beatha, *f.*, saol (-ta)
like   leithéid (-í), *f.*, mar, cosúil (le)
likely   dócha
listen   éist (-eacht)
live   mair (-eachtail)
lodgings   lóistín
lonely   uaigneach
long (time)   i bhfad
long (distance)   fada
long ago   fadó
lose   caill (-eadh)
low   íseal

madness   buile
mail   post (poist)
make   déan (-amh; *past*: rinne)
man   fear (fir)
manager   bainisteoir (-í)
manner   caoi (caíonna), *f.*
many   go leor, mórán (*negatives and questions*)
market   margadh (margaí)
market fair   aonach (aontaí)
marry   pós (-adh)
mass   aifreann (aifrinn)
master   máistir (máistrí)
maybe   b'fhéidir
me   mé
meal   béile (-í)
meaning   ciall, *f.*
meat   feoil (feolta), *f.*
meet   buail (le)
meeting   cruinniú (cruinnithe)

middle   lár
midnight   meán óiche
milk (noun)   bainne
milk (verb)   bligh (bleán)
mill   muileann (muilte)
millionaire   milliúnaí (milliúnaithe)
mind   seachain (-t) (*wouldn't mind*: níor mhiste le)
minute   nóiméad (nóiméid)
mistress   máistreás (-aí), *f.*
mocking   magadh
money   airgead
month   mí (-onna), *f.*
morning   maidin (-eacha), *f.*
mother   máthair (máithreacha), *f.*
mountain   sliabh (sléibhte)
mouse   luch (-a), *f.*
mouth   béal (béil)
much   mórán (*negative contexts*)
music   ceol (-ta)
musician   ceoltóir (-í)
must   caithfidh

name   ainm (-neacha)
national   náisiúnta
naughty   dána
necessary (it is ~)   ní foláir
necessity   éigean
need   gá
neighbor   comharsa (-na), *f.*
neithe   ach oire
nest   nead (-acha), *f.*
new   nua
newspaper   nuachtán (nuachtáin)
nice   deas
nickname   leasainm (-neacha)
night   oíche (-anta), *f.*
noble   uasal
noise   torann (torainn)
nor   ná
nothing   tada
notice (noun)   aird, *f.*
notice (verb)   deara (tabhair faoi deara)
novel   úrscéal (-ta)
now   anois
number   uimhir (uimhreacha), *f.*
nurse   banaltra (-í), *f.*

oak   dair (daracha), *f.*
occasion   uair (-eanta), *f.*

odd ait, aisteach
of de
office oifig (-í), *f.*
offspring clann (-a), *f.*
often minic
old sean
old woman cailleach (-a), *f.*
on ar
one amháin
one (*noun*) ceann (cinn)
open oscail (-t)
opinion barúil (barúlacha), *f.*
opportunity caoi (caíonna), *f.*
other eile
out(ward) amach

page leathanach (-aigh)
pain pian (-ta), *f.*
paint (*verb*) péinteáil (péinteáil)
palm (of hand) bos (-a), *f.*
paper páipéar (páipéir)
parent tuismitheoir (-í)
park (*noun*) páirc (-eanna), *f.*
park (*verb*) páirceáil (páirceáil)
part cuid, *f.*
particular áirithe
partner céile (-í)
patience foighde
pay (*noun*) pá
pay (*verb*) íoc (íoc)
peat móin, *f.*
pen peann (pinn)
penny pingin (-í), *f.*
pensioner pinsinéir (-í)
people muintir, *f.*
perceive airigh (-eachtáil)
permission cead, (-anna)
permit (*noun*) cead (-anna)
permit (*verb*) lig (-ean)
person duine (daoine)
picture pictiúr (pictiúir)
piece píosa (-í)
pig muc (-a), *f.*
pilot píolóta (-í)
pint pionta (-í)
pity trua (-nna), *f.*
place (*noun*) áit (-eanna), *f.*
place (*verb*) leag (-an)
plant cuir (cur)

plate   pláta (-í)
play (noun)   dráma (-í)
play (verb)   imir (*games*); seinn, cas (*music*)
pleasant   aoibheann, lách
please   más é do thoil é
pleased   sásta
plenty   neart
pocket   póca (-í)
poet   file (-í)
poetry   filíocht, *f.*
police officer   garda (-í)
politics   polaitíocht, *f.*
poor   bocht
portion   cuid, *f.*
possible   féidir
post   post (poist)
potato   fata (-í); práta (-í)
potter   potaire (-í)
pound   punt (puint)
practice   cleacht (-adh)
praise   mol (-adh)
prepare   réitigh (réiteach)
president   uachtarán (uachtaráin)
press   brúiigh (brú)
previously   cheana
price   praghas (-anna)
priest   sagart (sagairt)
princess   banphrionsa (-í), *f.*
prize   duais (-eanna), *f.*
probable   dócha
professor   ollamh (ollaimh)
program   clár (-acha)
promise   geall (-adh)
pupil   dalta (-í)
push   brúigh (brú)
put   cuir (cur)

quench   múch (-adh)
question   ceist (-anna), *f.*
quiet   ciúin

rain   báisteach, *f.*
rat   francach (francaigh)
read   léigh (-amh)
ready   réidh
reason   fáth (-anna)
reasonable   réasúnta
reasonably   réasúnta
receive   glac (-adh)

reckon áirigh (-eamh)
recognition aithne
recognize aithin (-t)
recommend mol (-adh)
red dearg
regret aiféala
remember cuimhnigh (-eamh)
reputation clú, cáil, *f.*
request iarr (-aidh)
respect meas
restaurant bialann (-a), *f.*
result toradh (torthaí)
return fill (-eadh)
rich saibhir
right (*noun and adjective*) ceart (-a)
ring fáinne (-í)
rise éirigh (éirí)
river abhainn (aibhneacha), *f.*
road bóthar (bóithre), bealach (aí)
robin spideog (-a), *f.*
room seomra (-í)
rot lobh (lobh)
rub cimil (-t)
ruin mill (-eadh)
run rith (rith)
rush deifir, *f.*, fuadar

safe slán
said dúirt
same céanna, ionann, mar a chéile
satisfied sásta
save sábháil (sábháil)
saw chonaic (ní fhaca)
say -abair (*VN*: rá, *present*: deir; *past*: dúirt; *future*: déarfaidh)
scatter scaip (-eadh)
schedule amchlár (amchláir)
school scoil (-eanna), *f.*
score scór (-tha)
Scotland Albain
sea farraige (-í), *f.*
seal rón (-ta)
secretary rúnaí (rúnaithe)
see feic (-eáil, *past*: chonaic)
seed síol (-ta)
self féin
sell díol (díol)
send cuir (cur)
sense ciall, *f.*
separate scar (-adh)

settle socraigh (-ú)
shake croith (-eadh)
shame náire
shanty bothán (botháin)
share (*noun*) cuid, *f.*
share (*verb*) roinn (-t)
shave bearr (-adh)
she sí, í
sheep caora (caoirigh), *f.*
sheet bráillín (-í), *f.*
shirt léine (-te), *f.*
shoe bróg (-a), *f.*
shoemaker gréasaí (gréasaithe)
shop siopa (-í)
shopkeeper siopadóir (-í)
shopping siopadóireacht, *f.*
short (space, time) gairid
show taispeáin (-t)
shower ciothfholcadh (-fholctha), múr (-tha)
sick tinn
sickness tinneas (tinnis)
side taobh (-anna)
silent ciúin
silver airgead
similar cosúil
sing can (-adh), cas (-adh)
singer amhránaí (amhránaithe)
sister deirfiúr (-acha), *f.*
sit suigh (suí)
skirt sciorta (-í)
skull cloigeann (cloigne)
sky spéir (spéartha), *f.*
sleep codlaigh (-adh)
slow mall
sly glic
small beag
smoke caith (-eamh)
smooth réidh
smother múch (-adh)
snow sneachta
solve socraigh (-ú), réitigh (-each)
some éigin, roinnt
somewhat cuíosach, cineál
son mac (mic)
song amhrán (amhráin)
sorrow brón
sort of cineál
speak labhair (-t)
spend caith (-eamh)

spoil   mill (-eadh)
spoon   spúnóg (-a), *f.*
sport   spórt (-eanna)
spouse   céile (-í)
staff   foireann (foirne)
stand   seas (-amh)
star   réaltóg (-a), *f.*
start   tosaigh (-ú)
stay   fan (-acht)
steal   goid (ġoid)
step   céim (-eanna)
still   fós
stocking   stoca (-í)
stone   cloch (-a), *f.*
stop   stop (-adh)
story   scéal
strange   ait, aisteach
stranger   strainséir (-í)
street   sráid (-eanna), *f.*
strength   neart
stretch   sín (-eadh)
strike   buail (bualadh)
student   mac léinn (mic)
study(ing)   staidéar
succeed   éirigh le
sufficiency   dóthain
sufficiently   sách
sugar   siúcra
summer   samhradh (samhraí)
summit   mullach (-aí)
sun   grian, (-ta), *f.*
surprise   iontas
survive   mair (-eachtáil)
swan   eala (-í), f
sweep   scuab (-adh)
sweet   binn
swim   snámh (snámh)

table   bord (boird)
tail   eireaball (eireaboill)
take   tóg (-áil)
talk(ing)   caint, *f.*
tasty   blasta
teacher   múinteoir (-í)
team   foireann (foirne)
teardrop   deoir (deora), *f.*
teasing   magadh
tell   inis (insint)
term   téarma (í)

terrible, terribly   uafásach
that   sin, siúd,úd
that (*subordinate clause*)   go
the   an, na
theatre   amharclann (-a), *f.*
their   a
them   iad
then   ansin
there (*distant*)   ansin, ansiúd, ann (*in existence*)
they   siad, iad
thief   gadaí (gadaithe)
thing   rud (-aí)
think   ceap, síl
thirst   tart
this   seo
this year   i mbliana
throughout   ar feadh
throw   caith (-eamh)
ticket   ticéad (ticéid)
tie   ceangail (ceangal)
time   am (-anna)
timetable   amchlár (amchláir)
tired   tuirseach
to   do, go, go dtí
today   inniu
together   le chéile, in éineacht
tomorrow   amárach
tongue   teanga (-i)
tonight   anocht
too   freisin
too much   an iomarca
too, excessively   ro-
tooth   fiacal (fiacla), *f.*
top   mullach (-aí)
tourist   turasóir (-í)
toward   go, go dtí
town   baile (-te)
toy   bréagán (bréagáin)
train   traein (treanacha), *f.*
transfer   aistrigh (-iú)
translate   aistrigh (-iú)
treasure   taisce
tree   crann (crainn)
trim   bearr (-adh)
trousers   bríste (-í)
true   fíor
truth   fírinne, *f.*
try   triail
turf   móin, *f.*

turn   cas (-adh)
turn off   múch (-adh)
twins   cúpla
twist   cas (-adh)
two people   beirt

uncle   uncail (-eacha)
under   faoi
understand   tuig (tuiscint)
unemployment   dífhostaíocht, *f.*
unicorn   aonbheannach (-aigh)
unite   aontaigh (-ú)
until   go dtí, go
up   thuas, suas
us   muid, sinn

vacation   saoire, *f.*
vegetable   glasra (-í)
very   an-. barr-, rí-
vessel   soitheach (soithí)
veterinarian   tréidlia (-nna)
victory   bua (-nna)
view   radharc (radhairc)
village   baile (-te)
visit   cuairt (-eanna)

wages   pá
wait   fan (-acht)
wake up   dúisigh (-eacht)
walk   siúil (siúl)
wall   balla (-í)
want   iarr (-aidh) (*be wanting*: teastaigh)
war   cogadh (cogaí)
was   bhí (ní raibh)
wash   nigh (ní)
watch   breathnaigh (-ú)
water   uisce
way   -bealach (bealaí); slí (slite), *f.*; caoi (caíonna), *f.*
we   muid
weather   aimsir
week   seachtain (-í), *f.*
well   -tobar (toibreacha); slán (*adjective*), go maith (*adverb*)
went   chuaigh (ní dheachaigh)
west   thiar, siar, anoir
west (*noun*)   iarthear
what   cad, céard, goidé, cén (*with* noun)
when   nuair
where   cá
while   tamall (tamaill)

whistling   feadaíl, *f.*
white   bán
who   cé
win   buaigh (buachan), gnóthaigh (-ú)
window   fuinneog (-a), *f.*
wine   fíon (-ta)
winner   buaiteoir (-í)
winter   geimhreadh (geimhrí)
wish   mian
with   le, in éineacht le
without   gan
woman   bean (mná), *f.*
wonder   iontas; meas tú, n'fheadar (*I wonder*)
wonderful(ly)   iontach
wood   adhmad (adhmaid)
wool   olann, *f.*
word   focal (focail)
work   obair (oibreacha), *f.*
worry   imní
worth(while)   fiú
write   scríobh (scríobh)
writer   scríbhneoir (-í)

year   bliain (blianta), *f.*
yellow   buí
yesterday   inné
yet   fós
you (*singular*)   tú, thú
you (*plural*)   sibh
young   óg

Made in the USA
San Bernardino, CA
25 September 2016